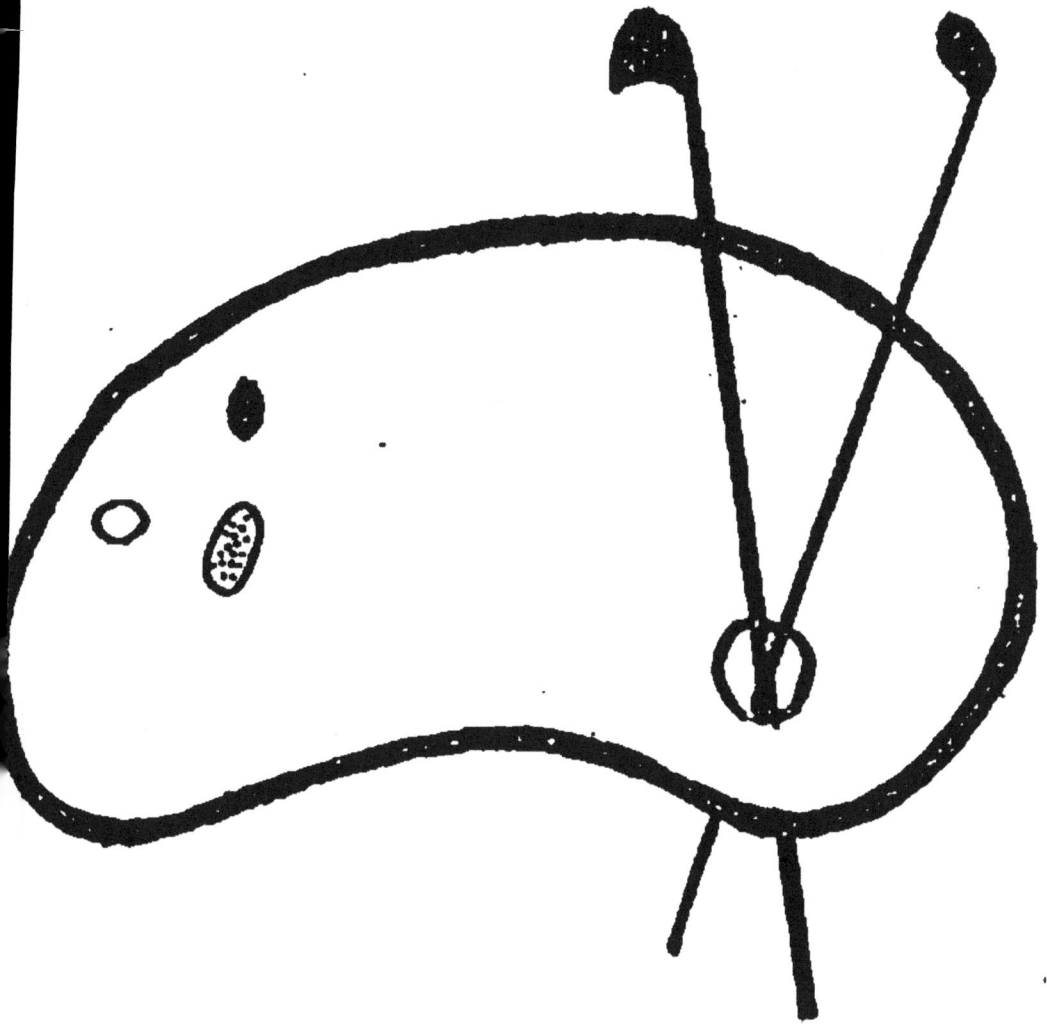

COUVERTURE SUPERIEURE ET INFERIEURE

BOUTADES

D'UN

PROMENEUR DANS PARIS

PAR

HENRI DE FONTENAY

Ibam . . . . . . ut mihi mos est
Nescio quid meditans nugarum. . . . .
HORACE, liv. I, sat. IX.

PARIS

ANCIENNE LIBRAIRIE MORIZOT

F. DE P. MELLADO ET Cie, SUCCESSEURS

A. LAPLACE, ÉDITEUR

3, RUE SÉGUIER

—

1867

COLLECTION DE BEAUX VOLUMES IN-12, FORMAT ANGLAIS
AVEC GRAVURES

LE BUFFON DES ENFANTS, ou petite Histoire naturelle des Quadrupèdes, des Oiseaux, des Amphibies, des Poissons, des Insectes, etc., par P. BLANCHARD. 1 volume avec 8 gravures coloriées. 3 fr.

LES CONTES DU CHANOINE SCHMIDT, traduits par CERFBEER DE MEDELSHEIM, illustrés de 150 vignettes par GAVARNI. 2 vol. 6 fr.

CONTES FANTASTIQUES D'HOFFMANN, traduits par CHRISTIAN. 1 volume avec 4 gravures par GAVARNI. 3 fr.

CONTES NOCTURNES D'HOFFMANN, traduits par CHRISTIAN. 1 volume, 4 gravures par GAVARNI. 3 fr.

FABLES DE LA FONTAINE, illustrées de 75 gravures. 1 beau volume. 3 fr.

JÉRUSALEM DÉLIVRÉE, traduite du TASSE. 1 volume illustré de 8 gravures. 3 fr.

LE MAGASIN DES ENFANTS, par Mme LEPRINCE DE BEAUMONT, illustré de 150 vignettes. 1 volume. 3 fr.

LES MARINS ILLUSTRES DE LA FRANCE, par M. LÉON GUÉRIN. 1 volume, 4 gravures. 3 fr.

MILLE ET UNE NUITS, contes arabes, traduits par GALLAND. 1 volume illustré de 6 gravures. 3 fr.

LE PLUTARQUE DE LA JEUNESSE, abrégé des Vies des grands Hommes de toutes les nations, par P. BLANCHARD. 2 vol. 6 fr.

ROBINSON CRUSOÉ, par DANIEL DE FOÉ, traduction nouvelle. 1 volume avec 5 gravures, par GAVARNI. 3 fr.

ROBINSON SUISSE, par WYSS, traduction nouvelle. 1 volume. avec 6 gravures. 3 fr.

LES VOYAGES DE GULLIVER, par SWIFT, traduction nouvelle. 1 volume, 6 gravures par GAVARNI. 3 fr.

LES FEMMES DE LA BIBLE, par Mgr DARBOY, archevêque de Paris, 1868. 2 volumes ornés de 4 gravures. 4 fr.

GRANDS FAITS DE L'HISTOIRE UNIVERSELLE, Annales illustrées. 6 volumes illustrés chacun de 80 gravures sur bois. 18 fr.
Chaque volume se vend séparément.

BOUTADES

PROMENEUR DANS PARIS

Paris. — Imprimerie de P.-A. BOURDIER et Ce, rue des Poitevins, 6.

BOUTADES

D'UN

PROMENEUR DANS PARIS

PAR

HENRI DE FONTENAY

Ibam . . . . ut mihi mos est
Nescio quid meditans nugarum. . . . .
HORACE, liv. I, sat. IX.

PARIS

ANCIENNE LIBRAIRIE MORIZOT

F. DE P. MELLADO ET Cie, SUCCESSEURS

A. LAPLACE, ÉDITEUR

3, RUE SÉGUIER

1867

PRÉFACE

L'AUTEUR.

Boutades... C'est le nom qu'à mon livre je donne ;
Son but est d'amuser, sans offenser personne,
D'évoquer le passé, moins en termes pompeux
Que par quelques vers gais, légers, facétieux.

LE LECTEUR.

Nous allons voir, Monsieur.

L'AUTEUR.

Boutades... A vrai dire,
J'incline quelquefois un peu vers la satire ;
Mais le tour que j'y mets n'est pas fait pour blesser.

LE LECTEUR.

Nous verrons bien.....

(Imitation de Molière, *le Misanthrope*, acte I, scène ii.)

SUR L'OBÉLISQUE DE LOUQSOR

L'Obélisque placé comme introduction
    Aux splendeurs de la Capitale,
    Sur sa base monumentale,
    Semble un point d'admiration!

Cet obélisque est placé au centre de la place de la Concorde ; c'est un seul morceau de granit rose provenant des ruines de Thèbes (Haute-Égypte), donné au roi Louis-Philippe par le pacha d'Égypte Mehemet-Ali, et amené à Paris en 1833 ; c'est en 1836 qu'il a été érigé ; sa hauteur est de 23 mèt. 39 cent., et il pèse environ 220,500 kilogrammes.

Le piédestal présente en creux le dessin des opérations de l'abatage à Thèbes, et de l'érection à Paris de ce précieux monolithe qui date du règne de Rhamsès III ou Sésostris, 1533 ans avant Jésus-Christ.

SUR LE JARDIN DES TUILERIES

Selon vous, les jardins anglais
Ont d'agréables fantaisies
Qui, pour l'œil, ont bien plus d'attraits
Que le majestueux jardin des Tuileries;
Vous pouvez avoir un motif
Pour préférer un style à l'autre...
Nous aimons le tilleul, le marronnier et l'if,
Chacun son goût... Voilà *le nôtre.*

Le jardin des Tuileries présente une superficie de 30 hectares, y compris les jardins réservés devant le château, et qui sont ouverts au public pendant l'absence du souverain ; il a été dessiné, en 1665, par le célèbre Le Nôtre.

Le Nôtre est né en 1613 : il était fils de l'intendant des Jardins royaux ; il étudia l'architecture et la peinture et fut le condisciple et l'ami de Lebrun. Il s'adonna particulièrement à la composition des jardins, et laissa des monuments de son imagination créatrice dans les majestueux jardins de Chantilly, de Saint-Cloud, de Meudon, des Tuileries, de Saint-Germain et surtout de Versailles. Les jardins du château de Nancy, appartenant au surintendant Fouquet, furent en même temps, pour Le Nôtre, la cause de la faveur de Louis XIV, et pour le surintendant, celle de sa disgrâce.

Le jardin des Tuileries est orné de nombreuses statues de Coustou, Coysevox, Bosio, et d'artistes modernes.

SUR LE PALAIS DES THERMES

En voyant cet amas hideux et suranné
Des débris enfumés d'une ruine romaine,
Le nouveau boulevard, dans sa marche hautaine,
    Avec dédain s'est détourné.

Le palais des Thermes est, depuis 1844, réuni à l'hôtel de Cluny, dont tout le monde connaît la richesse archéologique.

La construction du palais des Thermes remonte à la fin du sixième siècle. Il fut édifié sous l'empereur Constance Chlore, sur le penchant d'une colline ; son nom lui vient de l'étendue de ses bains, où un aqueduc amenait les eaux de Rungis et d'Arcueil ; Julien, qui y fut proclamé empereur par ses soldats, aimait à en faire sa résidence ; les premiers rois de France y séjournèrent aussi, séduits par la position riante de cette habitation dont les jardins s'étendaient jusqu'à la Seine.

Il est regrettable que cet antique débris, se trouvant sur le tracé du boulevard Saint-Michel, ait forcé cette belle voie à obliquer à droite.

SUR LA STATUE DE LOUIS XIII

> Louis de son chiffre fatal Treize
> Ne paraît pas être fort aise.

La place Royale au centre de laquelle chevauche Louis XIII, est un des plus précieux restes de l'ancien Paris, et si, par miracle, le monarque revenait tout à coup à la vie, il ne trouverait presque rien de changé autour de lui; ce sont toujours les mêmes maisons en briques de son temps et les mêmes galeries couvertes.

Cette statue a été rétablie sous le règne de Charles X.

Deux artistes se sont partagé l'honneur de sculpter ce morceau : Cortot a fait le cavalier, et Dupaty, le cheval. La meilleure harmonie règne entre le prince et sa monture.

Si le lecteur peut obtenir l'autorisation de visiter le château de M. de Luynes, à Dampierre, il verra une charmante statue de Louis XIII, en argent massif, qui nous a inspiré sur ce même sujet les vers suivants :

> Dans ce beau marbre, ainsi qu'en son vivant,
> Louis Treize a conservé son attitude fière ;
> Mais le monarque, assurément,
> A ce fastueux monument,
> Préférerait le pieux sanctuaire
> Que du châtelain de Dampierre
> Lui consacra le cœur reconnaissant.

SUR L'ÉGLISE DE SAINTE-CLOTILDE

Cette jeune et gothique église
Sans doute fait plaisir à voir ;
Mais je désire qu'on me dise
De quel temps, de quel style est son double éteignoir.

Cette église bâtie, dans le style gothique du quatorzième siècle, sur la place Bellechasse, a été commencée en 1846 et terminée en 1857. La façade, composée de trois grandes ogives, est surmontée de deux tours élégantes terminées en flèches. Elle a été construite sur les dessins et sous la direction de MM. Gau et Ballu, puis ornée de peintures, sculptures et verreries, par MM. Hesse, Lehmann, Duret, Pradier, Maréchal, Amaury, Duval et autres.

Le square qui a été planté devant cette église, ajoute à la beauté de l'aspect que présente l'heureuse disposition de sa façade, qui est une des meilleures réminiscences des chefs-d'œuvre de l'art gothique.

SUR LA BOURSE

On devrait bien, ô Bourse, infernal précipice
Où tant de gens se sont perdus,
Te consacrer, avec justice,
A Pluton plutôt qu'à Plutus!

La première pierre de cet édifice, qui aujourd'hui est uniquement affecté à la Bourse, fut posée en mars 1808, sur l'emplacement de l'ancien couvent des Filles-de-Saint-Thomas. Suspendus en 1814, les travaux ne furent repris que dix ans après. Commencé par l'architecte Brongniart, il fut terminé par M. Labarre. Ce palais a la forme d'un temple grec d'ordre corinthien, entouré de 64 colonnes formant une longue colonnade qui sert de promenoir ; la voûte intérieure est ornée de peintures en grisaille d'Abel de Pujol et de Meynier, représentant des bas-reliefs d'une saillie saisissante.

C'est à la Bourse qu'ont lieu, par le ministère des agents de change, les opérations sur les fonds publics, et c'est autour de la *corbeille* que la hausse et la baisse ont enrichi ou ruiné tant de spéculateurs, pour lesquels les fluctuations même des cours sont toujours un appât qui développe chez la plupart la passion du jeu, car on ne peut pas appeler d'un autre nom ce goût si prononcé de nos jours pour les opérations de Bourse.

SUR L'ÉGLISE SAINT-VINCENT DE PAUL

Si dans la haute ville, en ce point élevé,
L'humble Vincent de Paul a fait placer sa chaire,
Ce n'est pas que d'orgueil son cœur soit soulevé ;
C'est pour mieux découvrir le bien qu'il pourra faire.

Le nom de saint Vincent de Paul est dans toutes les bouches et réveille dans tous les cœurs le souvenir de ses nombreux actes de charité : c'était donc payer un juste tribut de reconnaissance à la mémoire de cet éminent bienfaiteur de l'humanité, auquel on doit l'institution des *Sœurs de la Charité* et la fondation de l'œuvre des *Enfants trouvés*, que de lui consacrer une église.

L'emplacement a été heureusement choisi pour la construction de cet édifice qui domine plusieurs quartiers de Paris. Cette construction a duré de 1824 à 1844, elle est due à MM. Lepère et Hittorff. L'intérieur est décoré de belles peintures de MM. Picot et Flandrin ; la façade offre un péristyle en saillie formé de 12 colonnes, et est couronnée par un fronton où l'on voit Saint-Vincent de Paul entre la Foi et la Charité : il est surmonté de deux tours carrées. On accède à l'église par un perron se développant en deux rampes circulaires.

SUR LE JARDIN ZOOLOGIQUE D'ACCLIMATATION

Du procédé nouveau qui fait tourner les têtes,
Sur moi j'ai voulu faire expérimentation ;
Je me suis enrhumé... l'acclimatation
N'est faite, je le vois trop tard, que pour les bêtes.

Le Jardin d'acclimatation semble au premier aperçu faire concurrence au Jardin des Plantes, situé, comme on sait, à l'autre extrémité de Paris ; mais il n'en est rien. Au Jardin des Plantes c'est au point de vue seulement de la curiosité et de l'étude, que sont exhibés les animaux que le public parisien va visiter avec un intérêt mêlé d'effroi ; tandis qu'au bois de Boulogne c'est au point de vue des services que l'homme peut en tirer, soit pour sa nourriture, soit pour l'aider dans ses travaux, que sont réunis les animaux presque tous domestiques venus des différents pays du globe. Ce sont des expériences qui ont pour but d'habituer ces animaux à notre climat et d'en amener la reproduction dans la même condition que dans leur pays d'origine.

Aussi le Jardin zoologique d'acclimatation contient-il une magnanerie, une grande volière, une poulerie plus vaste encore, des écuries, bergeries, vacheries, porcheries, etc., et même un aquarium.

SUR LE VAISSEAU BAINS DE MER DU PONT-ROYAL

Il est beaucoup de gens que ce bâtiment choque
Par sa vieille mâture et par ses vieux haubans,
    Mais comme on le peint tous les ans,
  On le prendrait pour un neuf, à la coque.

Cette magnifique frégate n'a pas encore réalisé le beau rêve de Paris port de mer, mais elle en donne un agréable avant-goût ; avec ses grands mâts dont on voit de loin voltiger la flamme et ses puissantes vergues, avec ses sabords qui ne connaissent, il est vrai, d'autres canons que ceux qu'absorbent les hommes d'équipage, avec la fumée du vapeur de Saint-Cloud, et l'odeur du goudron dont on enduit les bateaux de blanchisseuses du voisinage, l'illusion est complète, et l'imagination se laisse aller aux douceurs du roulis et du tangage. Rien n'y manquerait si les garçons qui servent le bock et l'absinthe aux passagers avaient le chapeau ciré et la chemise bleue, surtout pour les fortunés mortels qui sont assez heureux pour affronter la vague dans une baignoire fraîchement étamée ; mais ce qui est tout à fait marin et caractéristique, ce sont ces charmantes boules de vif argent qui se balancent si coquettement aux extrémités des vergues ; ce détail ne peut qu'assurer le succès de l'entreprise.

SUR LE TOMBEAU DE NAPOLÉON Iᵉʳ

Ce monument sacré que l'univers contemple,
  Où, sous un marbre solennel,
  Repose un héros immortel,
  N'est pas un tombeau... c'est un temple.

Napoléon, sur le rocher de Sainte-Hélène avait dit : « *Je désire que mes cendres reposent sur les bords de la Seine, au milieu du Peuple français que j'ai tant aimé.* » Ce vœu du grand homme a été exaucé : en 1842, ses cendres ont été ramenées de l'île Sainte-Hélène à Paris, où elles sont entrées triomphalement le 16 décembre, et un riche mausolée a été édifié pour les recevoir. La disposition en est imposante : c'est sous le dôme de l'hôtel des Invalides que repose le sarcophage de granit rouge dans lequel sont renfermés les restes de l'Empereur. Ce tombeau est orné de douze Victoires colossales, dues au ciseau de Pradier, et d'une statue en marbre blanc de Napoléon, œuvre de Simart. A l'entrée du mausolée sont à droite et à gauche les tombeaux des généraux Duroc et Bertrand.

SUR LES INVALIDES

Supprimez ce mot : Invalides.
Il ne peut s'appliquer à de vaillants soldats ;
Leurs cicatrices et leurs rides
Sous les lauriers ne s'aperçoivent pas.

C'est à Louis XIV que l'on doit la fondation de cet établissement ; il est destiné à loger, nourrir et entretenir aux frais de l'État les militaires de tous grades, officiers, sous-officiers et soldats qui, ayant droit à la retraite, demandent à échanger leur pension contre le séjour à l'hôtel. Ces pensionnaires sont au nombre de 6,000 environ. A la tête de cet établissement est un gouverneur, avec un état-major composé d'anciens officiers supérieurs.

Outre tous les services que comporte un établissement de cette importance, l'hôtel des Invalides renferme une bibliothèque, une belle église à la voûte de laquelle pendent de nombreux drapeaux étrangers, et le tombeau de Napoléon Ier. C'est aussi à l'hôtel des Invalides que sont déposés les plans en relief des places-fortes de la France.

Le dôme des Invalides, que l'empereur Napoléon avait fait dorer, est l'œuvre de Mansard.

SUR LES PONTS D'AUSTERLITZ, D'IÉNA, D'ARCOLE, DE L'ALMA, DE SOLFÉRINO

—————

C'est assez de cinq ponts baptisés par nos gloires,
    Car si la capitale avait
    Autant de ponts que de victoires,
    La rivière disparaîtrait.

L'auteur sait bien qu'on va lui appliquer ce vers de Lafontaine :

Celui-ci se croyait l'hyperbole permise ;

mais il compte sur l'esprit de patriotisme de ses lecteurs; il est d'ailleurs assez disposé à croire qu'en y réfléchissant un peu, cette hyperbole ne serait pas aussi éloignée de la vérité qu'on pourrait le croire.

Quant aux noms glorieux qui décorent les ponts dont il s'agit ici, ils rappellent des hauts faits trop connus et trop contemporains pour qu'il soit nécessaire d'en retracer l'historique; ces noms sont plus profondément gravés dans les cœurs des Français que sur les tables de marbre qui décorent ces ponts.

SUR LA PRISON DE SAINT-LAZARE

Pour que Lazare eût l'ennui d'abriter
Une engeance aussi peu chrétienne,
Ce n'était vraiment pas la peine
De le ressusciter.

La maison de Saint-Lazare fut, dans l'origine, une léproserie fondée sous Charles VI, et était avant la Révolution un couvent duquel dépendait un vaste enclos, que les habitants de Paris ont longtemps connu sous le nom de Clos Saint-Lazare ; cet enclos a été vendu, morcelé, livré à la spéculation et est devenu un beau et industrieux quartier.

Le couvent a subi de nombreuses transformations, et il sert aujourd'hui de maison d'arrêt et de correction, tout en conservant le nom du saint qu'on y vénérait jadis.

Cette maison d'arrêt est exclusivement affectée aux femmes ; celles qui ont été condamnées à l'emprisonnement y sont provisoirement enfermées, en attendant leur transfèrement dans une maison centrale ; on y enferme également les jeunes filles arrêtées pour vagabondage ou inconduite, et les filles publiques qui ont contrevenu aux règlements de la police.

SUR LA FONTAINE DU CHATELET

Du Châtelet la fontaine historique
Avec son clinquant rococo,
Me fait l'effet de la boutique
D'un marchand de coco.

Cette fontaine est aussi appelée *Fontaine de la Victoire ;* elle a été édifiée en 1807, en mémoire de la campagne d'Égypte, ce qui explique les Sphinx accroupis à sa base, et les feuilles de Palmier qui forment son chapiteau, surmonté d'une statue dorée de la Victoire.

Cette colonne a 22 mètres de hauteur.

Lors de la reconstruction du Pont au Change, et de la rectification de la place du Châtelet, cette fontaine a été soulevée tout d'une pièce avec un puissant appareil de charpente, et a fait un trajet de quelques mètres pour aller se placer dans l'axe nouveau de la place et du pont.

SUR LA TOUR SAINT-JACQUES

Près de là, sous la tour Saint-Jacques,
Quel est donc ce monsieur, à l'air provincial,
Semblant prêt à faire ses pâques,
Et qui se tient tout droit comme un cierge? — Pascal.

Blaise Pascal naquit à Clermont, en 1623. Dès l'âge de dix-huit ans, il possédait les mathématiques et la géométrie ; on lui doit plusieurs inventions utiles, entre autres le *haquet*. Il répéta à Paris sur la tour Saint-Jacques-la-Boucherie, des expériences barométriques. Devenu janséniste, Pascal se retira à Port-Royal. C'est dans cette retraite qu'il a écrit ses *Lettres provinciales*, que l'on regarde comme un modèle de prose française. Pascal mourut en 1662.

La construction de la tour Saint-Jacques remonte à 1508 ; c'est une des plus hautes tours de Paris. Elle a été acquise en 1836 par la ville de Paris, qui l'a fait restaurer et orner. Les masures qui l'environnaient ont été remplacées par un square élégant ; au sommet de la tour est une statue de saint Jacques le Majeur, avec le symbole des quatre évangélistes.

SUR L'EXPOSITION UNIVERSELLE DE 1867

———

Quel est donc ce concours des peuples de la terre
    Dans ces champs à Mars consacrés?
    Grand Dieu! nos temps sont-ils marqués
    Pour une universelle guerre?
— Oui... la lutte acharnée et suprême s'engage
    Nous combattrons corps à corps; mais
Nous ne verrons ni meurtre ni carnage
    Car c'est la guerre de la paix.

La première exposition universelle à Paris a eu lieu en 1855, dans le Palais de l'Industrie, construit exprès aux Champs-Élysées. Il fallut ajouter à ce palais de nombreuses annexes, et entre autres une longue galerie pour les machines, laquelle occupait tout le Cours-la-Reine; des galeries et une rotonde, qui reliaient cette annexe au palais, et en outre une salle spéciale pour l'exposition de peinture.

Le Champ-de-Mars a été choisi pour l'exposition universelle de 1867, comme permettant de donner tout le développement qu'exige un bazar où se sont donné rendez-vous toutes les industries du globe.

Le palais couvre une superficie de 146,500 mètres, et 344,000 mètres sont occupés par le parc qui l'environne.

SUR L'INSTITUT

Quoi, du Palais de l'Institut
Les deux ailes, dit-on, vont tomber! Je le nie,
Et les démolisseurs n'atteindront pas leur but :
On ne peut pas couper les ailes au génie.

Le collége des Quatre-Nations, créé par Mazarin, a été affecté en 1807 à l'Institut de France, fondé dès 1795 par la Convention nationale. L'Institut comprend cinq académies : 1° l'Académie française ; 2° l'Académie des Inscriptions et Belles-Lettres; 3° l'Académie des Sciences ; 4° l'Académie des Beaux-Arts ; 5° l'Académie des Sciences morales.

Le Palais de l'Institut est situé quai Conti, en face du pont des Arts ; c'est dans la salle du dôme, ancienne chapelle du collége, que se tiennent les séances. Ce palais a en outre deux bibliothèques dont l'une, ouverte au public, est établie dans l'une des deux ailes.

Il avait été question à une certaine époque de démolir les deux ailes du palais pour élargir le quai ; ce projet, heureusement, a été abandonné.

SUR LA BANQUE

La Banque est une citadelle
Où, tout à l'entour, des troupiers
Font incessamment sentinelle,
Pour garder de petits papiers.

La Banque de France a été constituée en 1803 ; elle a seule le droit d'émettre des billets de banque jusqu'au 31 décembre 1897 ; la direction supérieure de la Banque est confiée à un gouverneur et deux sous-gouverneurs nommés par l'Empereur, et la direction effective à un conseil général ; quinze régents et trois caissiers nommés par l'assemblée des actionnaires forment six comités.

L'Hôtel de la Banque (ancien Hôtel de la Vrillière), a été bâti en 1620 par Mansard. Restauré en 1710, il a reçu depuis et reçoit encore aujourd'hui d'importants agrandissements. Les caves contiennent le numéraire et les titres, et peuvent être inondées en cas d'incendie ou de guerre.

SUR LA COLONNE DE JUILLET

Est-ce donc en l'honneur des héros de Juillet
Que ce Génie, en l'air, danse un pas de ballet?

C'est sur l'emplacement où s'élève aujourd'hui cette colonne que fut jadis la Bastille. On avait résolu sous l'empire d'y construire une fontaine représentant un éléphant colossal, dont on a vu longtemps le projet en plâtre ; à cet effet, un massif circulaire avait été établi, et c'est sur ce massif qu'a été érigée la colonne dite de Juillet, parce qu'elle a été élevée en l'honneur des citoyens tués en combattant dans les journées des 27, 28 et 29 juillet 1830, et dont les restes reposent dans des caveaux souterrains. Ces corps des victimes avaient d'abord été enterrés dans les terrains, vagues alors, qui s'étendaient devant la colonnade du Louvre ; ils ont depuis été exhumés et transportés en grande pompe dans les caveaux de la colonne que surmonte la statue du Génie de la Liberté en bronze doré. Cette colonne mesure 47 mètres de hauteur.

SUR LA STATUE DE HENRI IV

Ce bon roi Henri qu'on adore,
Sur son gros cheval à tout vent
Établi si solidement,
Dans les cœurs l'est bien plus encore.

Cette statue équestre est de Lemot : elle a été placée sur le terre-plein du Pont-Neuf dans les premières années de la Restauration.

Henri IV, né en 1553, est mort en 1610.

L'entrée de ce monarque à Paris, en 1594, a inspiré à Gérard l'une de ses plus belles toiles historiques. Dans ce tableau, comme dans le bronze du Pont-Neuf, se font remarquer par le geste comme par l'expression de la figure, la bonté et la vaillance du monarque. L'un des bas-reliefs de la statue représente l'épisode des vivres que Henri lui-même faisait passer aux Parisiens pendant qu'il les assiégeait ; l'autre représente son entrée dans Paris.

La vue prise du terre-plein du Pont-Neuf est une des plus belles de Paris.

SUR L'OPÉRA

RUE LEPELETIER

Pour l'Opéra que l'on veut déloger
  Tant de projets sont à l'étude
  Que, dans sa triste inquiétude,
  Il ne sait sur quel pied danser.

Cette salle a été construite pour remplacer celle qui existait rue Richelieu, place Louvois, laquelle a été démolie à la suite de la mort du duc de Berry.

Le quatrain qu'on vient de lire a été composé à un moment où l'emplacement du nouvel Opéra n'était pas encore définitivement arrêté.

On sait que la nouvelle salle s'élève sur le boulevard de la Madeleine, en face de la rue de la Paix. (Voir la boutade suivante).

SUR LE NOUVEL OPÉRA

Si près du nouvel Opéra
(La tentation permanente),
La pauvre Madeleine aura
Bien de la peine à rester repentante.

On a été longtemps indécis sur le choix de l'emplacement qu'occuperait le nouvel Opéra, et l'on s'est décidé pour celui où il s'élève aujourd'hui. Les constructions en sont déjà assez avancées pour qu'on puisse se faire une idée de cette grande conception.

On sait que c'est à la suite d'un concours que M. Charles Garnier a dû l'honorable et importante mission de construire cette vaste salle, qui promet d'être la plus belle du monde entier, et dont, au surplus, on a pu voir un plan en relief lors de l'exposition annuelle de peinture et de sculpture de 1865. Le goût de l'artiste est une garantie que l'attente du public ne sera pas trompée.

SUR LA SAINTE-CHAPELLE

——

De la Sainte-Chapelle admirez, mes chers frères,
La flèche si hardie... Eh bien ! c'est ce qu'il faut,
   Nous sommes sûrs que nos prières
Pourront, par ce chemin, monter jusqu'au Très-Haut.

La construction de la Sainte-Chapelle remonte à l'époque du règne de saint Louis ; bâtie par Pierre de Montereau, elle a été restaurée avec tout le luxe de peinture, de dorure et d'ornementation de l'ancien temps ; on lui a notamment rendu sa flèche dans le style délicat du quinzième siècle. Cette flèche, qui rivalise d'élégance et de légèreté avec celle de Notre-Dame, a 33 mètres de haut. On remarque dans l'intérieur de l'église la tribune grillagée dans laquelle Louis XI venait assister aux offices. Sous la chapelle haute se trouve une chapelle inférieure.

C'est dans la Sainte-Chapelle que Boileau a placé quelques épisodes de son poëme du *Lutrin*.

Tous les ans, à la rentrée des tribunaux, la messe du Saint-Esprit est célébrée dans la Sainte-Chapelle avec solennité et en présence de toute la magistrature en grand costume.

SUR LE MUR D'ENCEINTE DE PARIS

(DEPUIS 1860)

———

Depuis six ou sept ans, la chose est bien certaine,
  La Capitale a bien plus d'habitants;
    Cela peut s'expliquer sans peine,
Etant toujours enceinte, elle a beaucoup d'enfants.

L'ancienne Lutèce, devenue Paris, a subi bien des accroissements successifs avant d'en venir à son étendue actuelle : la première enceinte de murailles donnée à la ville est celle de Philippe-Auguste; sous Charles V il en fut construit une plus étendue et bastionnée. C'est à cette époque que remonte la fondation de la Bastille. Ces enceintes furent successivement modifiées sous Louis XIII et sous le Consulat, époque de la construction des barrières aujourd'hui presque entièrement disparues. Sous Louis-Philippe, en 1842, furent construites les fortifications, mais l'enceinte existante ne fut pas détruite, et ce ne fut qu'en 1859 que les limites de la ville furent étendues à la ligne des fortifications. Cette enceinte fortifiée s'étend sur un périmètre de 33 kilomètres 930 mètres.

Au treizième siècle, la population de Paris était de 200,000 habitants; le chiffre s'en est élevé successivement : en 1718 à 500,000; en 1802 à 670,000; en 1817 à 714,000; en 1831 à 785,000; en 1841 à 1,058,000; en 1856 à 1,310,000. L'extension des limites jusqu'aux fortifications a porté le chiffre du recensement fait en 1861 à 1,696,141 habitants et celui de 1866 s'élève à 1,825,274.

SUR L'ÉGLISE DES BLANCS-MANTEAUX

———

Ils devraient bien, ces frères charitables
Si leurs manteaux leur sont insupportables,
Ainsi que saint Martin, en donner la moitié,
Plutôt que de les mettre au Mont-de-Piété.

Cette église n'est remarquable que par l'espèce de tour de
force qu'ont exécuté les architectes en allant lui chercher dans
un autre quartier de la capitale le portail dont elle manquait
absolument, sa façade ne présentant qu'un mur à pic et sans
ornement.

Ce portail est celui d'une ancienne église que les religieux
barnabites, ainsi appelés du nom de saint Barnabé, leur patron,
et qui se vouaient à la prédication et à l'enseignement de la
jeunesse, avaient fondée dans la Cité. Cette église était presque inconnue à Paris ; la vue en était complétement masquée
par les constructions de la place circulaire qui existait devant
le Palais de Justice ; on ne pouvait la découvrir qu'en entrant
dans la cour intérieure de l'une de ces maisons. Ce portail, en-
levé pièce à pièce, est venu couvrir la nudité de l'église des
Blancs-Manteaux, qui est située dans la rue de ce nom, auprès
du Mont-de-Piété.

SUR LE PORTAIL ET LES TOURS DE SAINT-SULPICE

Servandoni fit une chose sage
En ne terminant pas cette construction,
Inachevée ainsi, cette tour est l'image
De l'humaine imperfection.

Cette église a eu ses vicissitudes : commencée en 1616, elle ne fut terminée qu'en 1745 par Servandoni. Des deux tours qui surmontent son magnifique portail, celle du nord seule est terminée, l'autre, d'un autre style, est restée inachevée. Saint-Sulpice fut, sous la Révolution, le temple de la Victoire ; une grande fête y fut donnée le 15 brumaire an VIII au général Bonaparte. Cette église fut rendue au culte en 1802.

Les curiosités de cette église sont, entre autres, la chapelle de la Vierge, ornée par Lemoine, Pigale et Collet ; les bénitiers, formés de coquillages, que l'on dit avoir été donnés à François Ier par le doge de Venise ; les peintures murales des chapelles latérales, dues aux pinceaux de Heim, Abel de Pujol, Vinchon, Hesse, Drolling, Delacroix et autres. Dans le transept est un obélisque en marbre blanc coupé dans toute sa longueur par une ligne de cuivre qui se prolonge sur les dalles en traversant l'église ; c'est la ligne méridienne de Paris, faisant suite à celle qui traverse l'Observatoire et qui est tracée de la même manière sur les dalles de la principale salle de ce monument. Cette ligne s'étend au nord jusqu'à Dunkerque.

SUR NOTRE-DAME ET SA FLÈCHE

———

De la Vierge le fil béni
Depuis assez longtemps dans les airs se gaspille ;
  Afin qu'à l'avenir elle en tire parti,
A Notre-Dame on vient de donner une aiguille.

Cette cathédrale est située à l'extrémité orientale de l'île de la Cité. Sur l'emplacement qu'elle occupe était, en 559, une église fondée par Childebert, détruite en 875 ; en 1163, Maurice de Sully, évêque de Paris, entreprit de la rétablir : grâce aux discordes civiles, aux guerres et à la pénurie d'argent, ce ne fut qu'au bout de deux siècles que l'église dédiée à Notre-Dame put être terminée.

Ce sont les carrières des environs de Paris qui ont seules fourni les pierres entrées dans la construction de cet important édifice, dont les proportions sont colossales ; on les trouve mentionnées sur une plaque de cuivre scellée sur un des piliers.

Notre-Dame a été longtemps privée de sa flèche, mais MM. Viollet-le-Duc et Lassus, architectes, chargés d'importants travaux de restauration dans cette église, lui ont rendu son antique ornement. La hauteur de cette flèche est de 45 mètres ; elle est en chêne recouverte en plomb ; on estime qu'elle peut peser 750,000 kilogrammes.

SUR LE PALAIS DE JUSTICE ET LE TRIBUNAL DE COMMERCE

Face à face ainsi plantés là
Ces deux palais où l'on rend la justice,
Me font craindre de voir plus d'un plaideur novice
Tomber de Charybde en Scylla.

Sur l'emplacement du Palais de Justice actuel, existait un château qui remontait à l'époque de la domination romaine. Ce fut la résidence des rois de France, dans les premiers temps de la monarchie ; saint Louis le fit en partie reconstruire ; à partir de Henri II, ce palais resta affecté au Parlement seul, et depuis cette époque, il n'a pas cessé d'être le sanctuaire de la Justice. Dans ces derniers temps il y a été fait des travaux qui ont considérablement modifié les dispositions intérieures du Palais, lequel renferme, comme on sait, les tribunaux de première instance, la Cour impériale et la Cour de cassation ; la Cour des comptes, qui y siégeait autrefois, a été installée dans le palais du quai d'Orsay.

Il était tout naturel que le Tribunal de commerce vînt se réunir aux autres tribunaux, au lieu de tenir compagnie à la Bourse ; on s'est donc mis à l'œuvre il y a quelques années, et en 1866 a eu lieu l'installation des juges consulaires. Cet édifice a été doté d'une coupole qui parait avoir pour principale destination de servir de perspective au boulevard de Sébastopol.

SUR LA MADELEINE

Pour avoir si splendide église,
Autel si riche et si doré,
Madeleine, quoi qu'on en dise,
N'a pas trop l'air d'avoir pleuré.

L'église de la Madeleine, par sa position, contribue, ainsi que la façade du Corps législatif par la sienne, à l'embellissement de la place de la Concorde ; vue du pied de l'Obélisque entre les riches colonnades du Ministère de la marine et de l'ancien Garde-Meuble, et au fond de la rue Royale qui y conduit, cette église est du plus bel effet. Commencée en 1764, elle n'a été achevée qu'en 1832, et consacrée au culte catholique en 1842 seulement. La sainte a donc attendu pendant 68 ans avant d'y recevoir les hommages des fidèles ; encore a-t-elle failli être dépossédée de sa basilique par le projet qui avait été conçu d'en faire le temple de la Gloire.

Il n'est pas entré de bois dans la construction de cet édifice auquel on a prodigué le marbre, l'or et le bronze. Les plus fameux artistes peintres et statuaires ont concouru à son ornementation ; le groupe principal du maître-autel est de Marochetti.

SUR LA FONTAINE MOLIÈRE

——

Un artiste éminent sut mettre, pour nous plaire,
Dans un seul monument La Fontaine et Molière,

Molière, né à Paris en 1622 dans une des maisons qui formaient les anciens piliers des Halles, est mort en 1673 ; il habitait alors une maison dans le voisinage de laquelle a été élevé son monument. On sait que cette mort a été presque subite, et que c'est au moment où il jouait le *Malade imaginaire* qu'il fut pris d'une convulsion et d'un vomissement de sang, accident auquel il ne survécut que quelques heures.

Ce monument a été élevé en 1844. Il est placé à l'angle de la rue Richelieu et de la rue qui, depuis ce jour, est appelée rue de la Fontaine-Molière. Quoi qu'en dise l'auteur du distique ci-dessus, cette fontaine est l'œuvre de deux artistes éminents, M. Serre pour la statue de Molière, et M. Pradier pour les deux muses entre lesquelles est assis l'illustre écrivain.

SUR L'ÉCOLE POLYTECHNIQUE

Quoiqu'ils ne soient pas beaux dehors,
De l'École Polytechnique
Un sentiment patriotique
Me fait admirer les abords :
C'est que ces jeunes gens, qu'entoure un beau prestige,
Tels que l'étude les a faits,
Sauront un jour, selon que le Pays l'exige,
Organiser la Guerre ou féconder la Paix.

Cet établissement fut fondé en 1794, grâce à l'initiative des savants Fourcroy, Monge, Bertholet, etc. En 1801, les élèves de cette école furent soumis au régime militaire. Les jeunes gens y sont admis de 16 à 20 ans à la suite de concours ; le rang d'admission est très-important, mais celui de sortie l'est plus encore, parce qu'il détermine le classement des élèves dans les différents services publics : les mines, les ponts et chaussées, les tabacs, le corps des ingénieurs hydrographes, le génie militaire, l'artillerie. Les élèves qui ne sortent pas en rang utile trouvent à utiliser leurs connaissances dans des emplois civils.

Les élèves de l'École polytechnique jouissent en France d'une grande popularité ; on les a vus en 1814 aller sur les buttes Chaumont servir les batteries d'artillerie et foudroyer l'armée alliée qui assiégeait Paris.

Beaucoup d'entre ces élèves ont acquis de la célébrité dans les sciences et les arts, dans l'armée et dans la marine, et aussi dans l'industrie privée.

SUR LES HALLES CENTRALES

L'Égypte aux monuments si merveilleux d'aspect
Qu'avec étonnement le voyageur contemple,
    Aux légumes qu'elle adorait
A-t-elle jamais fait élever si beau temple?

Les Halles centrales sont la réalisation d'un projet conçu en 1811 par Napoléon Ier. L'empereur Napoléon III en a posé la première pierre en 1851, et les travaux interrompus pendant quelque temps ont été terminés en 1857 ; d'autres pavillons doivent compléter cette œuvre grandiose qui, lorsqu'elle sera achevée, couvrira une superficie d'environ 40,000 mètres.

Ces halles ont remplacé le marché des Innocents transformé en square, le marché au beurre et aux œufs, le marché à la verdure, à la marée, à la viande et à la volaille qui occupaient sans symétrie des emplacements irréguliers, et à certains jours débordaient jusque dans les rues Saint-Honoré, Saint-Denis et autres avoisinantes qu'ils encombraient jusqu'à une heure assez avancée de la matinée.

SUR LE PANTHÉON

Le Panthéon sur sa colline,
Qui de son dôme au loin domine
Par son contour aérien,
De quelque côté qu'on le voie,
Semble un gros biscuit de Savoie
Offert au peuple parisien.

Ce monument, élevé sur le point culminant de la montagne Sainte-Geneviève, fut commencé sous le règne de Louis XV en 1758 sur les dessins et sous la direction de l'architecte Soufflot; il ne fut terminé qu'en 1790 ; destiné au culte catholique sous l'invocation de la patronne de Paris, cet édifice dut aux idées de l'époque où il fut terminé le nom païen de Panthéon, qu'il a conservé dans le langage usuel ; un décret de l'Assemblée constituante le consacra à la sépulture des grands hommes. En 1822, la patronne de Paris fut remise en possession de sa basilique, mais la révolution de 1830 rouvrit le Panthéon, et rétablit ses inscriptions patriotiques. Ce ne fut qu'en 1852 que le Gouvernement lui rendit enfin sa destination primitive.

Les sculptures du fronton sont l'œuvre de David d'Angers, et les peintures de la coupole sont dues au pinceau du baron Gros.

SUR L'ARC DE TRIOMPHE DE L'ÉTOILE

Et de gloire et de pierre auguste entassement,
Ta masse fulgurante à l'horizon rayonne
Quand le soleil jaloux, à tes pieds se couchant
D'une poudre de feu, malgré lui, t'environne.

Ce n'est pas en un jour que se bâtit un pareil monument
aussi cet arc de Triomphe commencé en 1806, n'a-t-il été terminé que 30 ans après. Il est dédié à la gloire des armées de l
République et de l'Empire. Les pieds droits et l'entablement e
sont ornés de groupes et de bas-reliefs dus aux ciseaux de no
plus célèbres statuaires ; on l'appelle Arc de l'Étoile parce qu
de la place circulaire qu'il occupe rayonnent douze avenues
Il est situé sur un point culminant d'où il domine Paris. Tou
les parisiens connaissent le magnifique coup d'œil que présent
ce splendide monument lorsque dans les longs jours d'été, le so
leil se couchant à l'horizon, semble descendre majestueuse
ment derrière l'arc de Triomphe qui se dessine sur ce fond lu
mineux.

SUR LA TOUR, L'ÉGLISE ET LA MAIRIE
DE LA PLACE DU LOUVRE

Cette élégante tour, aux gothiques arceaux,
Entre deux monuments heureusement s'est mise,
Pour réconcilier la Mairie et l'Église
    Prêtes à se tourner le dos.

L'église Saint-Germain-l'Auxerrois, par son défaut d'axe et d'alignement par rapport au Louvre, mettait obstacle à la régularisation de cette place. Les habiles architectes et ingénieurs chargés de cette opération difficile surent trouver le moyen de dissimuler cette irrégularité en la répétant. On ne pouvait songer ni à redresser la façade de l'église ni à démolir un édifice aussi ancien et aussi curieux que l'église Saint-Germain-l'Auxerrois; on résolut donc de construire un pendant, un édifice auquel on donna la même allure, et que l'on affecta à la mairie du premier arrondissement; de telle sorte que deux irrégularités mises en parallèle amenèrent la régularité désirée : une tour élégante placée entre les deux édifices vint compléter l'harmonie.

SUR LA COLONNE DE LA PLACE VENDOME

Voyez-vous du héros la noble et calme pose ?
Eh bien ! il n'était pas plus troublé qu'aujourd'hui,
Alors que ces canons sur lesquels son pied pose,
Tonnaient ensemble autour de lui.

Cette colonne est du plus bel effet au centre de la place Ven-
dôme dont les constructions monumentales lui servent de cadre,
et dans la perspective soit de la rue de la Paix, soit de la rue de
Castiglione. Cette colonne, inaugurée en 1810, a été exécutée
par MM. Lepère, Gondouin et Donon, sur le modèle de la colonne Trajane. Les plaques de bronze qui la recouvrent
proviennent des canons pris à l'ennemi, et forment une spirale
de 275 mètres de développement, en retraçant les principaux
épisodes de la campagne de 1807. La statue de Napoléon Ier
placée dans l'origine au sommet de la colonne le représentait
en empereur romain ; elle a été enlevée en 1815 et remplacée,
sous le règne de Louis-Philippe, par une autre statue où l'empereur était revêtu de la redingote et du chapeau traditionnels.
On a cru devoir substituer à cette statue celle qui s'y voit aujourd'hui, comme étant d'un style plus en harmonie avec celui
du monument : elle est l'œuvre de M. Dumont.

SUR LE CORPS LÉGISLATIF

FAÇADE SUR LE QUAI

Lorsque si fort il nous importe
D'avoir des conseillers solides et prudents,
Comment laisse-t-on à la porte
D'aussi recommandables gens?

Le palais dans lequel siége le Corps législatif a été construit, dans l'origine en 1722, pour la duchesse de Bourbon.
L'empereur Napoléon Ier l'a fait agrandir et approprier à sa
destination actuelle ; l'architecte Poyet lui a donné sur le quai
une magnifique façade qui se compose d'un vaste péristyle
d'ordre corinthien, auquel donne accès un perron décoré
des statues de la Justice et de la Sagesse, sous les traits de
Thémis et de Minerve, et en outre des statues monumentales
de Sully, de Colbert, de d'Aguesseau et de L'Hôpital : le fronton et le mur de la façade sont ornés de bas-reliefs allégoriques.

Cette façade forme en perspective l'un des ornements de la
place de la Concorde.

SUR LE TROCADÉRO

DEVENU PLACE DU ROI-DE-ROME

Ici fut le Trocadéro, mais comme
Nous goûtons peu le boléro,
C'est sans regret, contre le nom de Rome,
Que nous troquons Trocadéro.

Le *Trocadéro*, ci-devant *place du roi de Rome*, ne fait que restituer à ce pittoresque emplacement sa dénomination primitive. Jusqu'en 1823 en effet, on avait, par habitude, continué à l'appeler d'un nom qui rappelait le projet conçu, dans d'autres temps, d'y élever le palais du roi de Rome; mais la guerre d'Espagne ayant eu lieu en 1823, et l'un des plus hauts faits de cette guerre ayant été la prise du fort du Trocadéro, à laquelle assista, comme général en chef, le duc d'Angoulême (*voir le tableau d'Horace Vernet au musée de Versailles*), on donna le nom de Trocadéro à cette esplanade, du haut de laquelle la vue s'étend sur une grande partie de Paris.

SUR LES DEUX THÉATRES DE LA PLACE DU CHATELET

— — · · · ·

Chassés du boulevard, le Lyrique et le Cirque,
A l'eau, de désespoir, voulaient s'aller jeter,
Quand l'Édile touché, par un signe magique,
Aux bords même du fleuve a su les arrêter.

Le Théâtre-Lyrique et le Cirque existaient précédemment sur le boulevard du Temple, mais la majeure partie de ce boulevard ayant été expropriée et démolie pour faire place au nouveau boulevard du Prince-Eugène, ces deux salles ont été transportées sur la place du Châtelet, dont ils occupent symétriquement les deux côtés ; ils ont été construits tous deux par le même architecte, en 1861 et 1862. Leurs façades sont d'une belle ordonnance et leurs dispositions intérieures commodes.

Ce sont ces deux théâtres qui, les premiers, ont supprimé le lustre de la salle, en le remplaçant par un réflecteur ramenant sur un plafond de cristal la lumière produite dans le cintre.

SUR LA FONTAINE SAINT-MICHEL

———

Pour moi, dans ce groupe admirable,
Saint Michel ne vaut pas le Diable.

Cette fontaine, placée à l'angle du boulevard Saint-Michel et
d'une autre large voie qui n'est qu'à l'état d'amorce, est d'un
effet grandiose, qu'elle doit tant à l'agencement architectural,
qu'à l'animation que lui donne le jeu des eaux qui l'alimentent,
et le gazon qui borde son bassin. Le groupe principal est fort
beau, c'est l'œuvre du regretté Duret : le démon terrassé est
surtout remarquable par l'expression diabolique que lui a donnée le statuaire, et c'est là surtout qu'est le talent de l'artiste,
pour lequel la figure imposante et calme de l'archange présentait moins de difficulté.

Ce monument a été achevé en 1860.

SUR DIVERS NOMS DE RUES, PONTS, PLACES, ETC., DANS PARIS

———

Austerlitz, Iéna, victoires d'Allemagne,
Que bon nombre de noms d'autres pays conquis
　　Glorieusement accompagne,
　　A chaque coin de rue inscrits,
　　Font qu'au beau milieu de Paris,
　　On se trouve en pleine campagne.

Les glorieuses campagnes de nos vaillantes armées sont, en effet, rappelées à chaque pas et dans chaque quartier à Paris : Les noms de Rivoli, de Castiglione, de Mondovi, d'Aboukir, d'Alger, d'Erfurth, de Constantine, de Turbigo ; ceux d'Iéna, d'Austerlitz, d'Arcole, de Solférino, de Wagram, Essling ; ceux de Malakoff, de Magenta, de Sébastopol, etc., etc., dont sont baptisés nos rues, nos ponts, nos places, nos boulevards, sont autant de titres qui nous remettent à chaque instant en mémoire le courage et l'héroïsme de nos braves soldats, l'habileté et la vaillance des généraux qui les ont conduits.

SUR LE DÉFAUT D'AXE DU LOUVRE
ET DES TUILERIES

Deux ou trois massifs d'arbres verts
Ont su mettre d'accord les frises rajeunies
Du vieux Louvre et des Tuileries
Qui se regardaient de travers.

Le promeneur qui se place sous la voûte de la porte occidentale du Louvre, pavillon de l'Horloge, et qui regarde les Tuileries, n'a pas en ligne droite devant lui le pavillon central de ce palais ; et s'il vient se placer ensuite sous l'arc de triomphe du Carrousel, il n'a pas non plus en ligne droite devant lui la porte du Louvre. Cela vient du défaut d'axe entre ces deux monuments ; tous les hommes de l'art se sont livrés à des études sérieuses pour dissimuler ce défaut d'harmonie et ont cherché les moyens de redresser ou plutôt de tromper, d'égarer la perspective ; le seul qu'on ait pu trouver a été de jeter, entre ces deux édifices, des massifs de verdure qui occupent agréablement l'œil, et l'empêchent d'exercer sa critique sur l'irréparable défaut de parallélisme de leurs façades.

SUR LE BOIS DE BOULOGNE

Dans ce paradis non perdu,
Admirez ces lacs de parade
Qu'encadre un gazon défendu,
Et la complaisante cascade,
Et ces torrents apprivoisés,
Et ces faux râteliers donnés à la montagne,
Et ces chalets dépaysés,
Qui tiennent tant soit peu du joujou d'Allemagne !
Ce n'est pas tout : pour peu que vous cherchiez,
Dans ce séjour plein d'artifice,
Vous aurez même, et mieux qu'en Suisse,
L'aspect de splendides glaciers.

A la place qu'occupe aujourd'hui le Bois de Boulogne, était jadis une forêt dite de Rouvray.

La partie qui en reste de nos jours offre, surtout depuis quelques années, une ravissante promenade aux habitants de Paris, qui s'y rendent facilement par tous les moyens de locomotion que l'industrie a créés, et par les belles et larges voies qui y donnent accès de toutes parts. Deux lacs d'une grande étendue y ont été creusés et accidentent merveilleusement la promenade ; de belles allées sinueuses et couvertes conduisent au pré Catelan, à la grande Cascade et au champ de Courses de Longchamp. C'est le rendez-vous de la plus brillante et de la plus élégante société.

3.

SUR LA FONTAINE DES INNOCENTS

Transplantée au milieu de ce square, où près d'elle
  Viennent s'ébattre les enfants,
C'est à bon droit aujourd'hui qu'on l'appelle
  La fontaine des Innocents.

Cette fontaine a tiré son nom de l'emplacement qu'elle occupait jadis près du charnier des Innocents, qui plus tard est devenu une halle connue sous le nom de marché des Innocents. Ce marché lui-même, par suite de sa réunion aux Halles centrales, a fait place à un square élégant, au milieu duquel on a transporté la fontaine qui en fait le plus bel ornement. Les sculptures qui la décorent sont de Jean Goujon, de Pajou, l'Huillier et Mazières. Ce square est le rendez-vous des jeunes enfants du voisinage, qui s'y livrent à leurs jeux et à leurs ébats ; ce naïf entourage offre un grand contraste avec celui qu'avait cette fontaine lorsqu'elle occupait le centre du marché.

SUR LE CIMETIÈRE DU PÈRE-LACHAISE

Malgré l'orgueil humain, à la mort survivant,
Ici le bronze et l'or, le marbre aux riches veines,
Ne sont toujours que distinctions vaines,
Sur l'épiderme du néant.

Ce cimetière, le plus vaste de tous ceux que Paris comprend dans son enceinte, a été établi vers 1804, dans les anciens jardins de Mont-Louis, siége de la société des Jésuites, et résidence du Père Lachaise, confesseur du roi Louis XIV. C'est sur les plans de l'architecte Brongniart que ce cimetière a été dessiné de manière à en rendre toutes les parties accessibles aux voitures, malgré la hauteur de la colline, et ce, au moyen de pentes savamment ménagées. Il serait trop long d'énumérer tous les monuments remarquables, tant au point de vue de la célébrité des personnages qu'ils recouvrent, qu'au point de vue de l'art et de la décoration architecturale, que renferme le cimetière du Père-Lachaise : le plus ancien de ces tombeaux est celui d'Abeilard et Héloïse, et le plus somptueux est celui de la princesse Demidoff.

Des enceintes spéciales y sont réservées pour le cimetière musulman et le cimetière israélite.

SUR LA FONTAINE CUVIER

———

C'est bien le moins, quand il en vaut la peine,
Qu'un Cuvier ait une fontaine.

Ce fut en Normandie, dans le voisinage de la mer, que se
révéla chez Georges Cuvier le goût pour l'histoire naturelle
qui l'a illustré; il fut mis en rapport avec plusieurs savants et
notamment Geoffroy Saint-Hilaire, qui le fit venir à Paris en
1794. Lors de la réorganisation du Muséum, il fut chargé du
cours d'anatomie comparée, et il obtint le grand prix décennal
de 1810; il succéda à Daubenton au Collège de France, fut
nommé inspecteur des études, puis conseiller, et ensuite chancelier de l'Université, où il développa beaucoup l'étude des
sciences. Cuvier appartenait à toutes les académies du monde,
à l'Académie française, à celle des sciences, à celle des inscriptions et belles-lettres. En somme, ce savant fut une des
gloires de la France; on lui devait bien le modeste monument
qui lui a été élevé près du théâtre de ses principaux travaux.

SUR L'OBSERVATOIRE

Moi qui sais quel chemin mène à l'Observatoire
    Je ferai cet aveu sans fiel :
    C'est que je ne pouvais pas croire
    Que l'Enfer conduisît au ciel.

L'Observatoire est situé à l'extrémité d'une belle avenue qui part du jardin du Luxembourg, et qui est traversée par la rue d'Enfer. Cet édifice a été élevé pour l'observation du mouvement et de la marche des corps célestes ; chaque capitale de l'Europe a son observatoire. Celui de Paris passe pour le plus important qui ait encore été construit pour les expériences astronomiques : il a été bâti sur les dessins de Perrault : ses quatre façades correspondent aux quatre points cardinaux. La ligne du méridien passe au milieu du bâtiment: elle est tracée sur les dalles de la principale salle du deuxième étage. Des cours d'astronomie sont ouverts à l'Observatoire, dans une salle qui contient 800 places ; les cabinets d'observation renferment des instruments et des télescopes d'une grande puissance, que le public est difficilement admis à visiter.

SUR LES QUATRE ÉGLISES CONSACRÉES
A SAINT-PIERRE

A Montmartre, à Montrouge, à Chaillot, n'importe où,
    Pour bien construire son église,
    Saint Pierre, quoi que l'on en dise,
Ne pouvait pas choisir mieux que le Gros-Caillou.

Saint Pierre n'accusera pas les Parisiens de froideur pour son culte, il possède quatre églises dans la capitale : à Montmartre d'abord, c'est une ancienne église abbatiale des Bénédictins de style ogival, située au sommet de la montagne ; on y voit une grotte sur le modèle du Saint-Sépulcre ; à Chaillot, c'est encore une église du même style, dont l'abside date du dix-septième siècle ; à Montrouge, on construit en ce moment une belle église, dont les proportions et le style ne tromperont sans doute pas l'attente publique ; elle s'élève au point de réunion de quatre grandes voies. Enfin l'église de Saint-Pierre, au Gros-Caillou, érigée en 1822, est d'une architecture calme et sévère ; son portail d'ordre toscan est fort simple.

SUR LES PORTES SAINT-DENIS ET SAINT-MARTIN

Qui jamais eût pensé que cet autre Alexandre,
Lorsqu'il envahissait les Pays-Bas, la Flandre
Et la Franche-Comté, si promptement soumis,
    Travaillait pour le Paradis.

Ces deux arcs de triomphe ont été érigés en l'honneur de
Louis XIV, le premier en 1672, en souvenir de la guerre de
Flandre, et le second en 1674, après la conquête de la Franche-
Comté. Ils sont tous deux ornés de sculptures allégoriques.
Ces monuments placés à l'entrée des faubourgs Saint-Denis et
Saint-Martin, n'ont pas tardé à prendre, dans le langage popu-
laire, le nom de Porte Saint-Denis et Porte Saint-Martin. Les
saints ont prévalu sur le conquérant et le martyrologe sur l'his-
toire ; on passe tous les jours devant ou sous ces arcs de
triomphe sans songer au grand roi ou à ses hauts faits, témoin
ce bourgeois auquel on demandait l'explication de l'inscription
Ludovico Magno, et qui répondit : « Eh parbleu ! cela veut dire
Porte Saint-Denis. »

SUR LA RECONSTRUCTION DU PONT-AU-CHANGE

———

Tout changeant ici-bas, il n'est pas très-étrange
Qu'on ait changé le Pont-au-Change.

Ce pont était prédestiné à bien des changements, et il en a subi de nombreux avant d'être ce qu'il est aujourd'hui. Jadis deux ponts de bois communiquaient seuls avec la Cité : le grand Pont et le petit Pont ; c'est le premier de ces deux ponts qui a pris le nom de *Pont au Change* ou *aux Changeurs*, lorsque le roi Louis VII, en 1141, y établit le change, et défendit de le faire ailleurs. Ce pont était appelé aussi pont *de la Marchandise ;* comme tous les ponts de Paris, il était couvert de maisons. En 1359 les orfèvres en occupaient un côté, et les changeurs l'autre ; ce pont, qui avait déjà une fois changé de place, était bâti alors partie en bois et partie en pierre. Il fut souvent détruit par de grandes crues d'eaux, et complétement incendié en 1621. On le reconstruisit de 1639 à 1647, et l'on érigea à l'une de ses extrémités un monument représentant Louis XIII et Anne d'Autriche, et entre eux Louis XIV couronné par la Victoire. On a déplacé ce pont dans ces derniers temps, pour le rétablir dans l'axe de la place du Châtelet et du boulevard du Palais.

SUR LES EMBELLISSEMENTS DU BOIS
DE VINCENNES

Partout, convenons-en, c'est même prévoyance,
A l'Ouest ainsi qu'à l'Est ; et de peur qu'on ne pense
Que sur ce point Paris est moins favorisé,
Vincenne est à son tour Bois-de-Boulognisé.

Vincennes, situé près de Paris, peut être considéré comme
une place de guerre. Le château a été construit sous Philippe
Auguste. Il a été longtemps habité par saint Louis, et il n'est
personne qui ne connaisse l'épisode du chêne sous lequel ce
monarque rendait la justice ; c'est Louis XI qui a converti le
donjon en prison d'État. Ce château est célèbre à plus d'un
titre, et d'illustres prisonniers y ont été renfermés ; le bois qui
l'entoure a plus de 700 hectares. Il a été, il y a quelques années,
converti en partie en un beau parc qui rivalise avec le bois de
Boulogne ; des lacs, des cascades, des pelouses en font un char-
mant lieu de promenade pour les habitants de ce côté de la
capitale. On y trouve un polygone pour l'école de tir, un champ
de courses, une ferme modèle (ferme Napoléon) et un établissement dit Asile de Vincennes pour les ouvriers convalescents.

SUR LE MONT-VALÉRIEN

Hérissé de canons, c'est le Mont-Valérien
Que vous apercevez d'ici ;
Volcan officiel, Vésuve parisien,
Dont Suresne est le Portici.

Le Mont-Valérien laisse apercevoir son sommet de l'intérieur de Paris, dont il est distant de 10 kilomètres. Il atteint 136 m. de hauteur ; son nom lui vient de l'empereur Valérien, l'un des persécuteurs des chrétiens en 250. Cette montagne paraît avoir été longtemps consacrée au culte, et a été habitée par des ermites voués au rétablissement du culte de la croix ; en 1634 des religieux, dits Prêtres du Calvaire, obtinrent la concession d'un terrain au sommet de la montagne et y établirent un calvaire qui fut longtemps un lieu de grande dévotion. Détruit lors de la Révolution, ce calvaire reparut avec plus d'éclat sous la Restauration. Lorsque le gouvernement fit, en 1842, entourer Paris de fortifications, le Mont-Valérien qui domine tous les environs, est devenu une importante forteresse faisant partie du système de défense de la capitale.

SUR LA MANUFACTURE DE TABAC

Ainsi que moi peu de gens sont séduits
    Par ton aspect sec et maussade,
    Et si je prise tes produits
    Je ne prise pas ta façade.

« Un des faits économiques les plus éloquents de la civilisation moderne, disait M. Barral dans ses rapports lors de l'exposition universelle de 1855, est certainement la consommation du tabac qui s'accroît dans une telle proportion qu'on ne saurait essayer de poser la limite à laquelle elle s'arrêtera.... » Or, douze années se sont écoulées depuis le jour où cette opinion a été émise. On comprend donc que la Manufacture de tabac soit l'un des établissements de Paris dans lequel il y a le plus de mouvement ; et, en effet, on y occupe journellement 1,300 femmes, 450 hommes et 70 enfants ; il y existe en outre deux corps de pompe d'une force totale de 100 chevaux. L'État y entretient une école où se font des cours de chimie, de physique et de mécanique appliqués à la culture et à la fabrication du tabac, école suivie par les élèves sortis en rang utile de l'École polytechnique.

SUR LE MARCHÉ DU TEMPLE

La belle cage que voilà !
Quelle magnifique coupole !
Sans doute on va renfermer là
Toute la gent qui vole.

Le marché actuel a remplacé l'ancien marché à la friperie qui avait été édifié sur l'emplacement de l'enclos du Temple.

Ce nouveau marché reconstruit de 1863 à 1865, est entièrement en fonte ; l'apparence en est légère et élégante et présente l'aspect d'une immense volière ; l'intérieur est divisé en une grande quantité de compartiments qui forment un bazar, un capharnaüm sans exemple de hardes, de défroques de toutes sortes, dont les femmes économes tirent quelquefois encore un bon parti. 1,500 marchandes y font leur trafic avec des manières engageantes et affables dont il est quelquefois prudent de se défier.

SUR LA STATUE DE LOUIS XIV

Louis Quatorze, comme il en manque,
Court chercher des fonds à la Banque.

Cette statue est l'œuvre du sculpteur Bosio ; elle occupe le centre de la place des Victoires, construite en 1685 sur les plans de Mansart. Le grand roi est représenté à cheval et en costume d'empereur romain.

Lors de l'inauguration de cette statue, qui eut lieu sous la Restauration, on y vit un vieux soldat qui avait servi sous Louis XV.

A cette même place existait, avant la révolution, une autre statue de Louis XIV en pied, couronné par le génie de la victoire ; cette statue a subi à cette époque le sort de tous les emblèmes de la royauté.

La nouvelle statue est placée en face de la Banque de France.

SUR LES TOURS DU PALAIS

Dans Paris, plus d'un édifice
Conserve du passé les vestiges parlants ;
Mais c'est surtout au Palais de Justice ;
Qu'on voit bien les tours des Normands.

Les tours rondes qui flanquent le Palais de Justice sur le quai de l'Horloge sont les plus anciens monuments de la Cité. La date de leur construction remonte au treizième siècle ; alors la Seine en baignait le pied ; ce n'est que bien plus tard que le quai a été construit. Ces trois tours, dont deux sont presque contiguës, et qui sont encastrées dans les bâtiments du Palais, se terminent par une toiture conique. Quelques historiens ont pensé que ces tours avaient une origine encore plus ancienne, et que leur fondation remontait au temps des incursions des Normands, qui les auraient bâties pour s'y réfugier et s'y fortifier.

Ces constructions d'un autre âge donnent du reste un aspect très-pittoresque à cette rive de la Seine.

SUR LE CHATEAU DES TUILERIES

Si ce Palais a nom d'apparence si vile,
  C'est qu'on a vu, pour des raisons d'État,
      Destinée à maint potentat
      S'en détacher plus d'une tuile.

Avant François Ier, il existait en cet endroit des tuileries qui fournirent pendant plusieurs siècles à la couverture des maisons de Paris ; c'est sur l'emplacement d'un enclos voisin de ces fabriques que la reine Catherine de Médicis, désertant le château des Tournelles, chargea Philibert Delorme de lui bâtir un palais. La construction en fut commencée en 1564. Au centre est le pavillon de l'Horloge qui renferme la salle des Maréchaux ; à droite, le pavillon de Flore qui vient d'être complétement réédifié ; à gauche, sur la rue de Rivoli, le pavillon Marsan ; entre ce pavillon et le pavillon de l'Horloge, se trouvent la chapelle et la salle de spectacle ; l'Assemblée Nationale y a tenu ses séances pendant la révolution ; le Conseil d'État y a longtemps siégé sous la présidence de l'Empereur, qui prit notamment une part très-vive à la discussion du Code Napoléon.

SUR SAINT-MÉDARD

De Saint-Germain-des-Prés que virent nos aïeux,
    De Saint-Merry, de Saint-Étienne
    On vante l'origine ancienne...
Mais Saint-Médard est bien plus vieux.

L'église de Saint-Germain-des-Prés, reste de l'ancien monastère de ce nom, a été bâtie au douzième siècle ; dans le chœur sont des colonnes qui proviennent de l'église primitive remontant à Childebert ; l'intérieur de l'église est entièrement peint de différentes couleurs ; les fresques du chœur et de la nef sont de Flandrin. Cette église renferme entre autres sépultures celle de Jean Casimir, roi de Pologne, et de Boileau.

L'église de Saint-Étienne-du-Mont commencée en 1517 n'a été terminée qu'un siècle après.

Celle de Saint-Merry a été reconstruite sous François Ier.

Enfin l'église de Saint-Médard a été fondée avant le douzième siècle et agrandie en 1655 ; c'est dans le cimetière de Saint-Médard qu'était le tombeau du diacre Pâris, témoin ou plutôt théâtre des prétendus miracles des convulsionnaires sous le règne de Louis XV.

SUR LA STATUE DE GUTENBERG

DANS LA COUR DE L'IMPRIMERIE IMPÉRIALE

———

De Gutenberg on aime à voir le bronze austère,
Et ce qui plaît surtout c'est son beau caractère.

L'Imprimerie Impériale a pris naissance au temps de François Ier, mais n'a réellement été constituée Imprimerie du Gouvernement que sous Louis XIII. Elle était alors placée au Louvre ; elle fut installée par Napoléon Ier dans l'ancien palais du cardinal de Rohan-Soubise, Vieille rue du Temple : au centre de la cour principale est la statue en bronze de Gutenberg, inventeur de l'imprimerie, né à Mayence en 1400, mort en 1468. C'est l'œuvre de David d'Angers.

Cet établissement renferme 88 presses à bras, 19 presses à vapeur, 20 presses lithographiques ; il est riche en caractères orientaux.

C'est l'Imprimerie Impériale qui est chargée de l'impression du *Bulletin des lois* et de toutes celles nécessaires aux différents services de l'État.

SUR LE PALAIS-ROYAL

—

Dans quelque règne qu'on les classe,
Soit animal, soit végétal,
Les produits que Chevet dans ses montres entasse
Sont dignes d'un Palais royal.

Ce n'est point du Palais même, c'est-à-dire de l'habitation
princière successivement occupée par tant d'illustres personnages, que l'on veut parler ici, mais du bazar sans pareil qui
occupe les galeries dont est entouré le jardin, et que l'on a
par extension baptisé du nom de Palais-Royal. Les bâtiments
sous lesquels règnent ces galeries sont d'une belle ordonnance ;
les galeries elles-mêmes comptent 180 arcades sur trois côtés du
jardin, dont le quatrième est formé par la galerie vitrée dite
d'Orléans. Les principales industries réunies au Palais-Royal sont
celles des orfèvres, bijoutiers et horlogers dont les magasins
sont très-brillants ; les cafés et les restaurateurs y tiennent
une grande place, dans de magnifiques salons. Les gastronomes
y admirent les montres toujours amplement garnies de deux
marchands de comestibles renommés.

SUR LE MARCHÉ AUX FLEURS

———

Admirez, comme moi, cette odorante halle,
Pour les yeux, pour le nez, c'est un ravissement;
    A coup sûr, dans la capitale,
C'est là que le commerce est le plus florissant.

Le goût des Parisiens pour les fleurs est connu et fructueu-
sement exploité par tous les horticulteurs et jardiniers fleu-
ristes de la banlieue; depuis la femme du riche banquier qui
a son jardin d'hiver contigu à son salon, jusqu'à la modeste
ouvrière qui orne sa fenêtre d'un pot de giroflée, ou d'un rideau
de capucines, toutes les femmes sont plus ou moins prêtresses
de Flore (*style Dorat*), et contribuent à l'extension et à la
prospérité de ce commerce : aussi les marchés aux fleurs se
sont-ils multipliés dans Paris. Ces marchés n'ont pas comme
les autres des constructions à demeure; les tentes et abris des-
tinés aux marchandes s'improvisent le jour même de la vente
(deux fois par semaine), à l'aide de piquets et de châssis garnis
de toiles. Les emplacements déterminés pour ces marchés sont
la place Lobau, la place Saint-Sulpice, la Madeleine, l'esplanade du Château-d'Eau.

SUR L'ARC DE TRIOMPHE DU CARROUSEL

A la gloire de nos armées,
Si, par un ordre souverain,
Cet arc fut élevé dans le style romain,
C'est que mêmes hauts faits veulent mêmes trophées.

Cet arc de triomphe sert pour ainsi dire de porte à la cour
des Tuileries ; il a été élevé sur le modèle de l'arc de Septime
Sévère à Rome, sur les dessins de MM. Percier et Fontaine. C'est
l'Empereur Napoléon qui l'a fait ériger en 1806 en l'honneur
des armées françaises ; ce monument plaît par son élégance et
par l'heureuse harmonie de ses proportions. Il est surmonté
d'un quadrige en bronze conduit par la Victoire ; chacune
des huit colonnes de marbre rose qui l'entourent supporte
une statue de marbre blanc représentant un des soldats de
l'armée française ; des bas-reliefs également de marbre blanc
retracent les principaux épisodes de la campagne à la suite de
laquelle ce monument a été élevé ; ces bas-reliefs avaient été
enlevés en 1815 et ont été rétablis en 1830.

SUR LES ABATTOIRS

———

Les abattoirs sont à l'ordre du jour,
Ce ne sont pas les bœufs seuls qu'ils menacent ;
Et le vieux mur d'enceinte, et chacun à son tour,
Les arbres, les maisons, les palais même y passent.

La création des abattoirs remonte à une quarantaine d'années. Ces établissements ont rendu un grand service à la capitale, et l'ont considérablement assainie en supprimant les tueries particulières que les bouchers avaient chez eux et d'où s'échappaient des émanations putrides et délétères. Ils ont eu aussi l'avantage de supprimer le passage des bestiaux par les rues de la ville, où ils occasionnaient souvent de graves accidents ; de plus, la concentration permet d'exercer une surveillance plus facile et plus efficace sur la qualité des viandes livrées à la consommation.

SUR LES BUTTES MONTMARTRE

Montmartre fut longtemps en butte aux quolibets
    Pour ses historiques baudets;
Aujourd'hui, que partout le mur d'octroi s'écroule,
Les baudets annexés se perdent dans la foule.

Montmartre, ancien village bâti sur le plateau d'une colline
près Paris, forme aujourd'hui un quartier de la capitale. Le
nom de cette hauteur lui vient-il de *Mons Martis*, ou *Mons
Martyrum*? C'est une question sur laquelle les antiquaires ne
sont pas encore d'accord; ce qu'il y a de certain c'est que
Montmartre possède d'anciennes carrières de gypse; c'est que
de son sommet on jouit de magnifiques points de vue, et
qu'en se reportant à cinquante ou soixante ans en arrière, on
voit cette montagne couverte de moulins auxquels leur position élevée imprimait une grande activité; aussi la meunerie
était-elle l'industrie par excellence de cette localité, et la spé-
cialité de ses habitants; pays de hauts faits et de prouesses
pour le héros de la Manche, s'il eût chevauché par là, et de
jubilation pour Sancho, qui aurait été heureux de voir son gri-
son se trouver en famille.

SUR LE CHAMP DE MARS

Ce champ n'est, à vos yeux, qu'une stérile terre,
    Mais demandez à nos troupiers
  Si, fécondé par le dieu de la Guerre,
Il ne leur donne pas des moissons de lauriers.

Le Champ de Mars a d'abord été créé pour servir aux
exercices et manœuvres des élèves de l'École militaire, fondée
en 1751 et supprimée lors de la création des écoles de Saint-
Cyr, de La Flèche et de Saumur. Le Champ de Mars fut alors
spécialement affecté aux manœuvres et revues des différents
corps de troupes casernés dans Paris ou aux environs. C'est un
immense parallélogramme de 877 mètres de longueur sur 455
de largeur. Les courses de chevaux y ont eu lieu longtemps;
elles se font maintenant à l'hippodrome de Longchamps, à
l'extrémité du bois de Boulogne.

Le Champ de Mars a été le théâtre de nombreux et mémo-
rables événements; on peut citer, entre autres : la fête de la
Fédération, en 1790; la distribution des aigles par Napoléon
à son armée, en 1805; le Champ de mai, en 1815; la première
revue de la garde nationale rétablie, en 1830; l'exposition universelle, en 1867.

SUR LES CHAMPS-ÉLYSÉES

Comme aux rives du Styx, par Virgile chantées,
    Nous avons nos Champs-Élysées ;
Mais si nous y trouvons nos amis, nos parents,
Au moins là pouvons-nous les rencontrer vivants.

Les Champs-Élysées étaient autrefois un emplacement en culture où se trouvaient çà et là des maisonnettes et des jardins. En 1590 on y traça des allées, et on donna à cet endroit ainsi transformé le nom de Grand-Cours, par distinction du Cours-la-Reine. Les plantations y furent renouvelées en 1770, et on y plaça les chevaux sculptés par Coustou, qui ornaient les abreuvoirs du château de Marly.

Cette promenade est une des plus belles de Paris ; les massifs de verdure et de fleurs, les fontaines, les cafés, les salles de concert, les cirques, la grande avenue sillonnée d'équipages, les contre-allées remplies de promeneurs en font un lieu de réunion des plus fréquentés par toutes les classes de la société. L'avenue latérale, dite avenue Gabriel, est bordée de magnifiques hôtels dont les jardins mêlent leur opulente verdure à celle des Champs-Élysées.

SUR LA COLONNADE DU LOUVRE

Perrault pour élever ce merveilleux portique
D'une fée emprunta la baguette magique.

Cette colonnade est l'œuvre de Claude Perrault, qui, comme architecte, est au premier rang des hommes de son siècle ; il exerça aussi la médecine et donna des soins à Boileau, qui ne lui a pas ménagé les épigrammes.

Son frère, Charles Perrault, était premier commis de la Surintendance des bâtiments du roi. Après la mort de Colbert, il s'adonna au culte des lettres ; il s'est surtout rendu célèbre par ses *Contes des Fées.*

Revenons à la colonnade. L'exécution de cette façade du Louvre fut d'abord confiée à Bernini (dit le cavalier Bernin), célèbre peintre-sculpteur et architecte ; mais ses plans n'ayant pas été agréés parce qu'ils nécessitaient la démolition des anciennes constructions, ce fut Claude Perrault qui en fut chargé. Commencée en 1666, cette façade fut terminée en 1670. La plus grande activité y fut apportée pour satisfaire l'empressement de Louis XIV, grâce à la permission que l'archevêque de Paris accorda aux ouvriers d'y travailler les dimanches et fêtes.

SUR LE CONSERVATOIRE DES ARTS ET MÉTIERS
ET LE CONSERVATOIRE DE MUSIQUE

Dans tous les deux différentes leçons
Enseignent à filer ou la laine, ou les sons.

C'est à l'abbé Grégoire, ancien évêque de Blois, membre de l'Assemblée nationale et de l'Institut, que sont dues la création et l'organisation du Conservatoire des Arts-et-Métiers. Il a été établi en 1798 par décret du conseil des Cinq Cents, dans les bâtiments de l'ancienne abbaye de Saint-Martin-des-Champs. Ce monument a été, depuis cette époque, l'objet d'améliorations et d'augmentations importantes ; il renferme une belle bibliothèque qui a été installée dans l'ancien réfectoire du prieuré ; on y trouve des laboratoires de chimie et de physique et deux amphithéâtres pour les cours, pouvant contenir ensemble 1,000 à 1,200 auditeurs. Le Conservatoire possède une collection de machines et de modèles d'instruments d'astronomie, de physique, etc.

Le Conservatoire de musique a été fondé en 1784, par le baron de Breteuil. Ce n'était dans le principe qu'une école de chant, dont Gossec a été le premier directeur ; on y a ajouté des classes de déclamation. Il a été institué des prix annuels à la suite de concours ; ces prix donnent aux lauréats le droit d'aller en Italie, aux frais de l'État, se perfectionner dans l'art du chant ou de la composition.

SUR SAINT-EUSTACHE

Ce bon saint Eustache vraiment
Mérite bien sa place aux saintes Écritures,
Pour laisser si patiemment,
Sur ses flancs, sur son dos, grimper tant de masures.

L'Église Saint-Eustache, d'origine très-ancienne, a été reconstruite de 1532 à 1641 ; c'est un mélange d'architecture grecque et sarrasine ; sa façade a été faite après coup, en 1753.

Ce pauvre Saint-Eustache a vraiment du malheur : des rues humides et étroites serpentent et suintent autour de lui ; son vaisseau est affublé d'un portail lourd et disgracieux dont le style n'a aucun rapport avec le reste de l'édifice, et l'on n'a pas même pu se décider à bâtir la seconde tour qui doit compléter ce portail. Quant à sa façade orientale, dont le style et l'architecture sont d'un bel effet, on vient de la masquer par un des pavillons des halles centrales. C'est sans doute pour consoler Saint-Eustache de ces mécomptes que Sainte-Cécile vient tous les ans le charmer de ses concerts célestes.

Cette église contient les sépultures d'hommes célèbres : Colbert, le maréchal Chevert, Vaugelas, La Feuillade, Voiture, Benserade, etc.

SUR LA BIBLIOTHÈQUE IMPÉRIALE

———

Comme sur ses rayons, dans ses savantes files
Où chaque auteur a son langage à lui,
    La Bibliothèque aujourd'hui
Dans ses constructions admet différents styles.

La Bibliothèque impériale est un établissement considérable dont la fondation remonte au règne de Charles V, qui l'établit au Louvre dans la tour de la librairie. Tous nos rois se sont successivement occupés d'enrichir ce précieux dépôt. Elle fut transférée en 1724 dans une partie de l'hôtel Mazarin, construit par Mansart, rue Neuve-des-Petits-Champs ; elle occupe aujourd'hui presque tout le vaste emplacement que limitent au nord la rue Colbert, au midi la rue Neuve-des-Petits-Champs, à l'est la rue Vivienne, à l'ouest la rue Richelieu. Des travaux importants y sont encore en voie d'exécution. Les architectes ne se sont pas attachés à donner à cet ensemble de constructions un seul et même style, sans doute pour laisser visibles les traces des accroissements successifs de cet immense établissement, qui renferme aujourd'hui de grandes richesses en livres, en manuscrits, estampes, médailles, collections géographiques et curiosités diverses. Parmi les donateurs qui ont enrichi le cabinet des médailles sont M. le duc de Luynes et M. le vicomte de Janzé.

SUR LA FAÇADE DU PALAIS DES BEAUX-ARTS

SUR LE QUAI MALAQUAIS

———

Dans cette façade imposante
Qu'au palais des Beaux-Arts on vient d'édifier,
Je ne vois, par le bas, qu'une salle de vente,
    Et trois lucarnes au grenier.

L'École des Beaux-Arts a pour objet l'enseignement de la peinture, de la sculpture, de l'architecture, de la gravure en taille-douce et sur pierres fines; des cours appropriés y sont professés. Tous les ans ont lieu des concours entre les élèves des différents genres pour les grands prix de Rome, qui donnent aux lauréats le précieux avantage d'aller passer quatre années à Rome aux frais de l'État, pour se perfectionner dans leur art; ces élèves envoient tous les ans de Rome à Paris des ouvrages qui sont exposés à l'École des Beaux-Arts, et qui intéressent vivement le public. C'est dans les salles ouvertes sur le quai Malaquais qu'ont lieu ces expositions, ainsi que celles des ouvrages résultant des concours. Le Palais des Beaux-Arts a été édifié sur l'emplacement des jardins de l'ancien couvent des Petits-Augustins.

SUR LA PRINCIPALE PORTE DE L'HOTEL DE LA MONNAIE

Ces lis bourboniens, historique ornement,
Dont nous séparent tant d'abimes,
Nous font voir ici que l'argent
Est de tous les régimes.

L'Hôtel de la Monnaie, dont la principale façade donne sur le quai Conti, a été construit par l'architecte Jacques-Denis Antoine, de 1771 à 1775. Cette façade se compose, au milieu, d'un avant-corps orné de colonnes ioniques et de statues allégoriques ; la porte principale est ornée d'un écusson fleurdelisé des anciennes armes des rois de France. C'est de la part de l'architecte qui a restauré ce monument une preuve de goût d'avoir conservé cet emblème historique, qui constitue une date, fait connaître l'époque de la fondation de l'établissement et donne un caractère au monument. C'est ainsi que les fleurs de lis ont été conservées dans les armoiries de la ville de Paris. Cette entrée principale donne accès à un beau vestibule et à des escaliers richement ornés.

SUR L'HOTEL DE LA MONNAIE

C'est dans ce bâtiment d'imposante structure,
Que, pour courir le monde et pour fructifier,
    Sous les coups du balancier,
    L'or et l'argent prennent figure.

On vient de parler de la décoration extérieure de ce monument; ici on dira un mot de sa destination :

La lettre monétaire de Paris est A · celle de Bordeaux K; celle de Strasbourg B. Il n'y a pas d'autres hôtels des monnaies en France.

L'Hôtel de la Monnaie de Paris renferme : 1º le musée des médailles et des monnaies; dans la grande salle sont les médailles depuis Charlemagne jusqu'à nos jours; les monnaies françaises et étrangères; les jetons particuliers, et beaucoup d'instruments et d'appareils très-curieux; 2º les ateliers comprenant la salle des machines, la salle des fourneaux, l'atelier des laminoirs et la salle des monnaies, où fonctionnent les machines à frapper les coins.

SUR LE BOULEVARD DE SÉBASTOPOL

———

Sébastopol se croit vengé, sans doute,
Car ce boulevard, en son nom,
A fait bien plus de ruines sur sa route
Qu'aux remparts Criméens n'en fit notre canon.

Le boulevard de Sébastopol est une des plus belles voies de
Paris ; il a été ouvert entre les deux rues Saint Denis et Saint-
Martin, auxquelles il est parallèle. Au point milieu de son parcours, on a pour perspective, au nord, la gare du chemin de
fer de Strasbourg, et au midi la coupole du tribunal de commerce. Le percement de ce boulevard a nécessité de nombreuses
expropriations pour cause d'utilité publique. Il a eu pour résultat de donner à profusion l'air et la lumière à des quartiers qui
en étaient entièrement privés, et de faciliter la circulation dans
la partie de Paris la plus active et la plus populeuse. Ce miracle s'est opéré en très-peu de temps.

SUR LE BOULEVARD DU PRINCE-EUGÈNE

Ce Prince aussi vaillant que désintéressé,
Eût .pu, tout comme un autre, avoir une couronne...
Et ce n'est que son nom, lueur d'un beau passé,
Qu'aujourd'hui nous pouvons voir arriver au Trône.

Eugène de Beauharnais était le fils du général de Beauharnais et de Joséphine Tascher de la Pagerie, qui épousa
ensuite le général Bonaparte, et devint Impératrice des
Français. Il fit avec Napoléon la campagne d'Italie et celle
d'Égypte, assista à la bataille de Marengo. Lors de la formation
du royaume d'Italie, il en fut nommé vice-roi ; il fit preuve
dans son administration de prudence et de sagesse ; il s'est
illustré par son courage et son sang-froid, autant que par son
humanité, lors de la retraite de Russie. Après avoir fait d'hé-
roïques, mais vains efforts, pour mettre l'Italie à l'abri des
attaques de l'Autriche, forcé de céder au nombre, il quitta
ce pays, et se retira à Munich après l'abdication de l'Empereur.

Le boulevard du Prince-Eugène part de la place du Château-
d'Eau, pour aboutir à la place du Trône.

SUR LA HALLE AU BLÉ

Cette coupole à la voûte hardie
Sans doute est là pour nous prouver
Que le blé, quoi que l'on en die,
Sous cloche peut se conserver.

Cette Halle a été construite par l'architecte Camus de Mézières, en 1763, sur l'emplacement de l'ancien Hôtel de Soissons. La coupole, qui en fait le principal ornement, n'a été élevée qu'en 1782, elle a 100 pieds d'élévation du sol ; incendiée en 1802, elle a été rétablie en 1811.

L'intérieur de cette halle présente un effet d'acoustique assez curieux, un écho très-accentué répercute la voix de la personne placée sous la coupole.

La colonne cannelée, située à côté de cette halle et surmontée d'une sorte de sphère, est un reste de l'ancien hôtel de Soissons ; la reine Catherine de Médicis y faisait ses observations astrologiques. On a utilisé cette vieille inutilité en donnant à cette colonne un cadran solaire, dans le haut, et dans le bas une fontaine.

SUR LA DESTRUCTION DE LA POMPE NOTRE-DAME

Comme jadis fit la Samaritaine
Notre-Dame aujourd'hui trouve la pompe vaine.

Le pont Notre-Dame, construit en 1670, a été refait en 1708 : il était anciennement orné des statues de Henri-IV, saint Louis, Louis XIII et Louis XIV.

A cette époque, il y avait, sur quelques-uns des ponts de Paris, des machines hydrauliques qui amenaient l'eau du fleuve dans des conduits alimentant les fontaines publiques. Telle était la destination de la Samaritaine sur le Pont-Neuf, laquelle a disparu vers 1807, et celle de la pompe Notre-Dame construite au milieu du pont de ce nom.

Cette pompe, qui était d'un aspect peu gracieux et qui obstruait la vue, a été détruite en 1860, et, en même temps qu'elle disparaissait, le pont s'aplanissait et s'ornait de parapets plus élégants.

SUR LES DEUX COLONNES DE L'ANCIENNE
BARRIÈRE DU TRONE

———

De la cité voulant agrandir le contour,
Et faire de Paris la ville sans émule,
L'édile parisien devant rien ne recule,
    Et saint Antoine, en son faubourg,
     Put le voir s'avancer un jour
Jusqu'au delà des colonnes d'Hercule.

La barrière du Trône qui n'existe plus à ce titre, depuis
l'extension des limites de Paris jusqu'aux fortifications, était
une des plus belles de Paris : elle est située à l'extrémité du
faubourg Saint-Antoine. Ces barrières se reliaient au système
du mur d'octroi dont la capitale a été entourée sous le Consulat ; celle dont il s'agit ici présentait indépendamment des
bâtiments de l'octroi, deux colonnes qui sont longtemps restées
inachevées ; c'est sous le règne de Louis-Philippe qu'elles ont
reçu à leur sommet les statues de Philippe-Auguste et de
saint Louis, dont le souvenir se rattache à la construction et à
l'habitation du château de Vincennes, auquel conduit la large
avenue qui a ces deux colonnes pour point de départ.

SUR LA FONTAINE SAINT-SULPICE

Par un rapprochement cocasse,
Ces quatre prélats dos à dos,
Sont postés là, sur cette place,
Juste aux quatre points cardinaux.

L'église Saint-Sulpice, le Grand Séminaire et la Mairie du sixième arrondissement, encadrent presque la vaste place au milieu de laquelle se trouve cette fontaine monumentale exécutée en 1847, sur les dessins de Visconti. Son ornementation est appropriée à sa situation entre l'église et le séminaire. Les statues assises de quatre prélats rendus célèbres par leurs vertus et leurs écrits, sont d'un effet imposant. Ce sont celles de Bossuet, évêque de Meaux, de Fénelon, évêque de Cambrai, de Massillon, évêque de Clermont et de Fléchier, évêque de Nîmes.

Par un singulier effet du hasard, chacune de ces statues regarde un des points cardinaux.

SUR LA FONTAINE DE LA PLACE LOUVOIS

Pour quatre rivières unies
Vous ne donnez guère d'eau, mes amies ;
Du reste vous avez bien droit de pleurnicher
Voyant qu'au pilori l'on vous vient d'attacher.

Cette fontaine est élevée au milieu du square dont on a décoré la place Louvois ; c'est sur l'emplacement de ce square qu'existait autrefois la salle de l'Opéra, démolie à la suite de l'attentat commis sur la personne du duc de Berry.

Cette fontaine se compose d'un groupe de quatre figures allégoriques représentant la Seine, la Loire, la Saône et la Garonne, supportant une vasque d'où s'échappent des filets d'eau qui retombent dans un plus vaste bassin.

On regrette que les filets d'eau que projette cette fontaine ne soient pas d'un volume plus considérable.

SUR L'AQUARIUM

A nos yeux étonnés, ce monde sous-marin
Dans cet aquarium s'évertue à cœur-joie;
Il est fâcheux seulement qu'on se croie
Au théâtre de Séraphin.

L'Aquarium est une des curiosités du Jardin d'acclimatation. Un bâtiment élégant décoré dans le style d'Herculanum ou de Pompéi, renferme de vastes réservoirs dont une des parois est formée d'une immense glace sans tain de Saint-Gobain. Un effet de lumière combiné de façon à éclairer vivement tout l'intérieur des réservoirs, et à laisser les spectateurs dans la pénombre, permet au public de voir, dans les moindres détails, les curieux animaux, poissons, mollusques, zoophites qui habitent les grottes artificielles qu'on leur y a ménagées avec un talent parfait d'imitation de la nature.

SUR LA TRANSFORMATION DU LUXEMBOURG

———

Pauvre jardin, ton triste état
Est prêt à m'arracher des larmes,
C'est une horreur... un attentat !
— Madame, calmez-vous, bannissez vos alarmes :
Malgré les arbres qu'on abat,
Au Luxembourg encor vous trouverez des charmes.

Le jardin du Luxembourg a été dessiné par Jacques Debrosse,
et planté de différentes essences d'arbres : ormes, charmes, pla-
tanes, marronniers ; c'est un lieu de promenade et de récréation
pour les habitants de tout âge des quartiers qui l'environnent.
L'administration a entrepris des travaux considérables dont la
population s'est fort émue, croyant y voir une dévastation ; mais
il y a tout lieu de penser que l'émoi s'apaisera quand on verra le
résultat de cet apparent bouleversement. Le jardin rectifié, main-
tenu en possession de la majeure partie de la pépinière qui, au
lieu d'être en contre-bas, sera de plain-pied avec le reste du jardin ; les inégalités de terrain aplanies du côté du boulevard Saint
Michel, d'où la vue était interceptée par des monticules qui
n'avaient aucune raison d'être ; l'avenue de l'Observatoire séparée
il est vrai du jardin par une rue, mais transformée en deux squares
immenses, dans lesquels les promeneurs pourront se réfugier
quand les portes du jardin seront fermées ; enfin, l'établissement de larges voies mettant en communication deux quartiers
morts qui retrouveront ainsi la vie et le mouvement : tels seront
il n'en faut pas douter, les heureux résultats de ces grands et
intelligents travaux.

SUR L'ÉGLISE SAINT-LEU

RUE SAINT-DENIS

Saint Leu sur ses devants, qui voit un calme plat,
Entendant tout le bruit qui se fait par derrière,
   Comme saint Laurent, son confrère,
   Voudrait bien qu'on le retournât.

MÊME SUJET

BOULEVARD DE SÉBASTOPOL

Maudit alignement, la foi te touche peu,
Pour écourter ainsi la chape de saint Leu.

La construction de cette église remonte au quinzième siècle;
elle a été restaurée en 1727. L'intérieur en est remarquable.
comme style et comme ornementation; il existe sous le maître-
autel un calvaire souterrain.

Par suite du percement du boulevard de Sébastopol, cette

église s'est trouvée entre deux rues; le mouvement tumultueux
de la rue Saint-Denis s'est reporté sur la nouvelle voie, beaucoup plus commode pour la circulation et le commerce, mais
d'un autre côté l'alignement nécessité par le tracé du boulevard
de Sébastopol, a atteint et entamé les chapelles qui se trouvent
derrière le chœur, ce qui a écourté l'église et nui à l'harmonie
de son ensemble tant au dedans qu'au dehors.

SUR L'HOPITAL DE LA CHARITÉ

Fidèle à la loi des Apôtres,
Et démentant un dicton trop cité,
Quoique bien ordonnée, ici la Charité
Commence par les autres.

Paris contient 16 hôpitaux civils et 5 hôpitaux militaires. On a donné à celui-ci le nom d'hôpital de la Charité, mais tous ont droit à ce titre à raison des soins bien entendus qui y sont donnés, et par les médecins, et surtout, dans le cercle de leurs fonctions, par les sœurs de la Charité, aux personnes qui y sont admises ; la Charité s'est encore étendue plus loin depuis peu d'années, par la création des maisons de convalescence, Asile de Vincennes pour les hommes, et Asile du Vésinet pour les femmes, où les malades vont achever de se guérir.

L'hôpital de la Charité, situé rue Jacob, faubourg Saint-Germain, a été fondé en 1602, par Marie de Médicis. Il a été l'objet d'agrandissements importants en 1864 et 1865.

SUR LE PALAIS DE LA LÉGION D'HONNEUR

—

A l'éclatante allégorie
Dont l'architecte et le sculpteur
Ont orné cette cour d'honneur,
On reconnaît bien la Patrie.

Ce palais fut d'abord construit en 1786, pour le prince de Salm, par l'architecte Rousseau; l'Empereur Napoléon Iᵉʳ en fit l'acquisition en 1802, pour la destination qu'il a encore aujourd'hui. La façade sur la rue de Lille est composée de douze colonnes ioniques et d'une porte formant un arc triomphal; la cour d'honneur est entourée d'une colonnade en portiques, et le bâtiment faisant face à l'entrée, dans le même style, est surmonté de deux aigles impériales. On y lit en lettres d'or la devise : *Honneur et Patrie.* La façade sur le quai d'Orsay ne présente qu'un rez-de-chaussée avec coupole et rotonde, élevés sur une terrasse que garnissent des massifs de verdure. Ce palais sert d'habitation au grand chancelier de l'ordre.

SUR LES PUITS DE GRENELLE ET DE PASSY

———

Les puits artésiens de Grenelle et Passy
Débitent, nous dit-on, leurs eaux en abondance;
S'il faut que le déluge aujourd'hui recommence,
J'ai, pour me consoler, les caves de Bercy.

C'est en 1126 que fut creusé le premier puits de cette espèce, en France, dans un couvent de chartreux à Lillers, en Artois, d'où leur est venu le nom de puits artésiens; Cassini s'en préoccupa beaucoup sous Louis XIV, au point de vue des avantages qu'on pouvait en retirer. Le puits artésien de Grenelle a été creusé en 1841, par MM. Mulot père et fils; sa profondeur est de 547 mètres; la colonne contenant le tube ascensionnel de ce puits est située au centre de la place de Breteuil derrière les Invalides. Il fournit 4 millions de litres d'eau en vingt-quatre heures. Les eaux du puits de Grenelle alimentent, avec ceux d'Arcueil, le plateau du Panthéon. Quant au puits de Passy, il a été commencé en 1855 et fini en 1861; il atteint à une profondeur de 586 mètres. Ce puits situé dans la plaine de Passy, débitait en 1861, 20 millions de litres en vingt-quatre heures; ce chiffre n'est plus maintenant que de 17 millions de litres environ; ces eaux sont affectées au service du bois de Boulogne.

SUR LA SORBONNE

La Sorbonne longtemps immuable et sévère,
    Fait un pas vers le mouvement ;
A quoi devons-nous donc ce progrès salutaire ?
    A la loi de l'alignement.

Cet établissement d'instruction publique a été fondé en 1253, par Robert de Sorbon, chapelain de saint Louis. Il a été réédifié par Richelieu dont le tombeau se voit dans l'église de la Sorbonne.

Depuis 1808, le bâtiment de la Sorbonne est devenu le chef-lieu de l'Académie universitaire de Paris ; c'est là que se fait la distribution annuelle des prix du concours général des lycées de Paris et de Versailles.

Les bâtiments de la Sorbonne sont en outre affectés aux cours des facultés de théologie, des lettres et des sciences ; un amphithéâtre spécial est destiné aux expériences de chimie et de physique.

La faculté de droit et la faculté de médecine ont des bâtiments spéciaux.

L'ouverture de la rue des Écoles va permettre aux bâtiments de la Sorbonne de prendre de l'extension, et d'avoir une façade sur cette nouvelle et large voie.

SUR LA MÉNAGERIE DU JARDIN DES PLANTES

Il est fort beau, la chose est bien certaine,
D'entendre le lion, le tigre et l'ours rugir ;
  Mais, quant à moi, j'aime bien mieux ouïr
Leurs conversations dans le bon La Fontaine.

Le Jardin des Plantes a été fondé en 1635 par Guy de la Brosse, médecin de Louis XIII, sur les revenus de la maison du roi. Cet établissement scientifique comprend de beaux jardins avec parterres entretenus pour l'étude de la botanique, des parcs avec huttes pittoresques pour les animaux inoffensifs, volières pour les oiseaux, loges et fosses pour les bêtes féroces, dont on entend parfois les rugissements avec un certain effroi ; le muséum d'histoire naturelle, les galeries minéralogiques captivent l'attention des curieux, et les promeneurs gravissent avec plaisir le labyrinthe au sommet duquel a été construit un élégant kiosque tout en fer ; au pied de ce labyrinthe sont de magnifiques serres contenant des plantes de toutes les parties du monde ; en gravissant le labyrinthe, on rencontre le cèdre du Liban qui a été rapporté et planté par M. de Jussieu.

SUR LE BOULEVARD MALESHERBES

C'est à bon droit, quoique un peu tard,
Qu'au nom de Malesherbe on rend ce juste hommage;
Car de ce magistrat l'héroïque courage
Fut de la Royauté le dernier boulevard.

Le boulevard Malesherbes a été ouvert pour faire pendant au boulevard de la Madeleine; il présente un parcours de 2,700 mètres de la place de la Madeleine à la Porte-d'Asnières.

Le même sentiment qui avait fait donner le nom de Tronchet à la belle rue qui s'ouvre derrière l'église de la Madeleine, fit donner le nom de Malesherbes au nouveau boulevard; c'est que tous deux avaient partagé avec Desèze la tâche honorable et dangereuse de défendre Louis XVI devant la Convention. La chapelle expiatoire de la rue d'Anjou, bâtie sur l'emplacement de l'ancien cimetière de la Madeleine où avait été transporté le corps du roi, se trouve, pour ainsi dire, au centre des trois rues auxquelles ont été donnés les noms de Tronchet, de Malesherbes et de Desèze.

SUR SAINT-ÉTIENNE-DU-MONT

Saint Étienne entouré de tant de monuments
Religieux, civils, élégants ou sévères,
    Voit qu'on fait aujourd'hui des pierres
    Meilleur emploi que de son temps.

Cette église, dédiée à saint Étienne, premier martyr chrétien lapidé à Jérusalem, 33 ans après J.-C., a été commencée en 1517 et n'a été terminée qu'un siècle environ après. On remarque dans l'intérieur, indépendamment d'une belle galerie en arcs surbaissés, un magnifique jubé sculpté par Biard père, le tombeau de sainte Geneviève, de beaux vitraux, les épitaphes de Racine et de Pascal. Des peintures murales et des tableaux de nos meilleurs artistes ornent également cette église autour de laquelle se trouvent le Panthéon, la mairie du Ve arrondissement faisant pendant à l'École de droit, la Bibliothèque Sainte-Geneviève, le collège Sainte-Barbe et le lycée Napoléon, dans les bâtiments duquel est enclavée la tour gothique de l'ancienne abbaye de Sainte-Geneviève.

C'est dans l'église Saint-Étienne-du-Mont qu'a été assassiné Mgr Sibour, archevêque de Paris, en 1856.

SUR LA FONTAINE DE L'ARBRE-SEC

———

Mettant en commun leur talent,
Deux artistes de grand génie
L'ont par une heureuse harmonie,
Confondu dans ce monument ;
Pourtant je reconnais sans peine
Quoique l'art ne soit pas mon lot,
Dans les pilastres, du Soufflot,
Et du Goujon, dans la fontaine.

Au seizième siècle était à cette encoignure une croix qu'on appelait : Croix du Trahoir. En 1529, François Ier fit ériger une fontaine qui occupait le milieu de la rue de l'Arbre-Sec, mais un beau jour, en 1696, on trouva que cette fontaine gênait la circulation, et on la transporta place du Trahoir. Cette fontaine a été reconstruite en 1776. L'ensemble du monument est de l'architecte Soufflot, et on la décora d'un bas-relief représentant une nymphe des eaux qui est l'œuvre de Jean Goujon.

Cette fontaine distribuait l'eau venant d'Arcueil par des tuyaux établis dans les massifs du Pont-Neuf.

SUR LA SALLE A MANGER DU GRAND-HOTEL

———

Certes rien n'est plus beau, plus grand que cette salle,
Et pour la contempler, je comprends qu'on s'installe ;
Mais moi, j'aimerais peu (c'est peut-être un travers)
Prendre ainsi mes repas devant tout l'univers.

L'établissement du Grand-Hôtel a une très-belle clientèle :
ce n'est rien moins que l'Europe, l'Asie, l'Afrique, l'Amérique
et même l'Océanie ; ces dames s'y sont donné rendez-vous pour
l'époque de l'Exposition universelle de 1867. Il fallait donc une
salle à manger digne d'un si grand monde ; aussi celle du Grand-
Hôtel est-elle la plus vaste, la plus somptueusement décorée
que l'on connaisse. C'est grand comme une salle de spectacle,
plus grand qu'une salle de concerts ; aussi quels concerts
monstres de fourchettes, de couteaux, d'assiettes et de verres
viennent y donner, tous les jours, les mâchoires des cinq parties du monde !

SUR LA STATUE DE VELLÉDA

AU JARDIN DU LUXEMBOURG

—

Cette mignarde Velléda,
Avec sa trop courte jaquette,
Me représente une grisette
Abandonnée au bal de l'Opéra.

Cette statue a l'intention de nous représenter Velléda, l'hé-
roïne d'un des plus émouvants épisodes des *Martyrs* de Cha-
teaubriand. Mais est-ce bien là cette farouche druidesse, cette
impitoyable prêtresse de Teutatès qui présidait aux plus som-
bres mystères et aux sacrifices humains? Retrouve-t-on dans
cette pose méditative et apprêtée, dans ce regard câlin et étu-
dié, l'amante passionnée d'Eudore et la jeune fille exaltée qui
engloutit ses remords et son désespoir dans le gouffre de l'O-
céan?

Aussi quoique, au demeurant, cette statue soit charmante,
n'avons-nous pas été surpris de lire un jour ces trois vers de
fantaisie tracés au crayon sur le piédestal :

> Le marbre que voilà,
> C'est Chloris, *vel* Léda,
> Mais non pas Velléda.

SUR L'HOTEL DU TIMBRE

A Charenton lorsque l'on est entré,
C'est qu'on est atteint de démence,
Avec cet hôtel-ci, voyez la différence :
Quand on en sort, c'est que l'on est timbré.

L'hôtel du Timbre était autrefois établi rue de la Paix ; les besoins toujours croissants du service ont obligé l'administration de le transférer rue de la Banque, dans un bâtiment beaucoup plus vaste, construit par M. Baltard ; le style architectural est un mélange de moderne et de classique. MM. Oudiné et Jacquemard ont coopéré à l'ornementation de la façade du pavillon principal de cet édifice ; c'est là que se trouve l'atelier général du timbre ; c'est de là que sort tout le papier timbré dont l'usage est prescrit par la loi. Les timbres-poste ne sont pas du domaine de cet atelier ; ils sortent des ateliers de la Monnaie.

SUR LE MINISTÉRE DES AFFAIRES ÉTRANGÈRES

———

Pourquoi de tous les Ministères,
Celui'qui, pour sa part, sous sa direction,
A les Affaires Étrangères,
Semble-t-il donc, par sa position,
Dans ces parages solitaires,
Sans bruit, sans animation,
Le plus étranger aux affaires?

Le ministère des Affaires Étrangères a longtemps occupé un hôtel situé à l'angle du boulevard des Capucines; il est actuellement établi sur le quai d'Orsay, à l'angle de l'esplanade des Invalides, sur l'emplacement d'une partie du jardin du Palais-Bourbon. C'est un monument de la plus belle apparence, qui a été bâti en 1845. Sur la façade sont des médaillons aux armes des différentes nations. L'hôtel du ministre est indépendant du bâtiment des bureaux, auquel il est relié par deux corps de bâtiments à arcades. A l'intérieur de l'hôtel se trouve un magnifique salon richement décoré, dit le Salon des ambassadeurs; c'est là que s'est tenu le Congrès de Paris, en 1856, après la campagne de Crimée.

Cet hôtel est presque contigu à l'hôtel de la Présidence du Corps législatif.

SUR LE SQUARE DES ARTS-ET-MÉTIERS

Entre tous les jardins dont aujourd'hui se pare
    L'opulente et grande cité,
    Ma préférence est pour ce square,
    Que, chaque soir, anime la Gaîté.

Entre le boulevard de Sébastopol et la rue Saint-Martin, en face du Conservatoire des Arts-et-Métiers, là où naguère s'enchevêtraient des ruelles étroites, s'ouvre et s'étale aujourd'hui une vaste et saine promenade sablée, gazonnée, rafraîchie par des jets d'eau, abritée de grands arbres, garnie de bancs, et tout récemment ornée d'une élégante colonne; c'est là ce qu'on appelle le square des Arts-et-Métiers. La plus grande animation y règne tout le jour, et le soir, un luxuriant éclairage au gaz permet à la population du quartier de s'y distraire jusqu'à une heure assez avancée.

Le théâtre de la Gaîté est venu ajouter à l'entrain en s'établissant sur un des côtés de la place.

SUR L'HORLOGE DU PALAIS

———→

Avant d'entrer, plaideur, regarde cette horloge,
Et derechef encor, lorsque tu sortiras ;
   A juste titre alors tu t'écrieras :
« Malheur à ceux chez qui la chicane se loge ! »
   Car ce n'est pas sans raison que la salle
   Où les plaideurs, de tous côtés rendus,
   Viennent user leurs souliers sur la dalle
   A nom : Salle des pas perdus.

La tour de l'Horloge du palais est située à l'angle du boulevard du Palais et du quai de l'Horloge, autrefois dit des Morfondus. Elle a été élevée, en 1370, par un Allemand, nommé Henri de Vic, sous le règne de Charles VI ; le cadran a été refait et doré sous Henri III ; la lanterne ou beffroi placé au haut de la tour renfermait une cloche que l'on ne sonnait que dans les occasions solennelles ; c'est de là que retentit, dans la nuit du 24 août 1572, le tocsin qui donna le signal de la Saint-Barthélemy.

Les deux figures qui décorent cette horloge, la Justice et la Force, sont de Germain Pilon.

SUR L'EXPOSITION AGRICOLE

————

Il vous faudra, sur ma parole,
Vous lever de bon matin, pour
L'Exposition agricole,
Car on la fait au Point-du-Jour.

Le Point-du-Jour est une ancienne dépendance de l'ex-com-
mune d'Auteuil, aujourd'hui enclavée dans les fortifications
de Paris. C'est près de là, dans l'île Saint-Germain ou de Bil-
lancourt, qu'a été installée la partie de l'Exposition universelle
de 1867, comprenant tout ce qui est relatif à l'agriculture, les
machines et procédés de tous les pays à expérimenter, les réu-
nions d'animaux employés à la culture, les produits agricoles,
les échantillons d'engrais, etc.

SUR LES BUTTES CHAUMONT

———

Les Buttes Chaumont transformées
N'offrent plus à nos yeux que sites enchanteurs;
Telles n'étaient pas ces hauteurs,
Alors qu'elles tenaient, en échec trois armées!
N'était-ce pas justice, en vérité,
Qu'après si belle résistance, .
Paris, dans sa reconnaissance,
Leur accordât droit de cité!

Les buttes Chaumont sont une des principales élévations qui
entourent Paris; c'est la partie la plus abrupte de la colline de
Belleville. Elles ont été jadis exploitées en carrières, et cette
exploitation a formé des bas-fonds et des excavations qui ont
longtemps servi de dépôts d'immondices et d'ateliers d'équar-
rissage de chevaux. C'était un lieu sauvage, d'un aspect hideux,
et c'est là qu'étaient, au moyen âge, les affreux gibets de Mont-
faucon. Ces hauteurs sont devenues célèbres, en 1814, par la
vive résistance que la Garde nationale et les élèves de l'École
polytechnique y ont opposée aux alliés lors du siége de Paris.
   Depuis 1860, les buttes Chaumont, situées en deçà des fortifications, ont été annexées à la capitale; des travaux considérables en ont changé l'aspect et y ont créé un parc de 20 hectares de superficie, que les accidents de terrain rendent très
pittoresque.

SUR LE CHATEAU-D'EAU

Voyant la pioche et le marteau,
Pour percer un quartier nouveau,
S'escrimer à mettre en monceau
Et pierre, et brique, et soliveau,
Je trouve ton sort assez beau
    De n'être qu'un château
            D'eau.

La fontaine que l'on appelle Château-d'Eau a été construite en 1810 : elle est d'un effet imposant et pittoresque, et ce pittoresque s'accroît encore du percement des nombreuses voies et de la construction d'édifices nouveaux qui s'accomplissent dans le voisinage. Le boulevard Magenta, la rue Turbigo, le boulevard et la caserne du Prince-Eugène, les Magasins-Réunis, la salle des Orphéons sont autant de merveilles que le Château-d'Eau voit s'élever comme par enchantement autour de lui.

SUR SAINT-THOMAS D'AQUIN ET LE MUSÉE D'ARTILLERIE

De saint Thomas d'Aquin la divine logique
Est sans doute une des raisons
Pour qu'on ait établi, près de sa basilique,
Un dépôt de canons.

L'église et le musée sont contigus.

L'église a été construite de 1682 à 1740; le portail est fort simple et n'offre rien de bien remarquable : à l'intérieur sont des fresques, peintures et grisailles estimées.

Saint Thomas, célèbre théologien, naquit à Aquin (royaume de Naples) en 1227; il a laissé de précieux écrits, et, entre autres, un ouvrage remarquable connu sous le nom de *Somme théologique.*

Le Musée d'Artillerie, situé dans l'encoignure de la place Saint-Thomas-d'Aquin, se compose de plusieurs salles et galeries qui règnent autour d'une cour. Des armes de tous les temps y sont réunies : haches de silex, franciscques, framées, pertuisanes, hallebardes, épées, espadons. On y voit une collection de modèles d'armes à feu, depuis l'arquebuse à rouet jusqu'au fusil à percussion. Là sont déposées les armures de guerriers célèbres : celles de Godefroy de Bouillon, de Jeanne d'Arc, de François Ier, etc. Une salle spéciale renferme les différentes bouches à feu depuis l'invention des canons; à côté de trophées des seizième et dix-septième siècles sont des trophées plus modernes : des canons venant de la Chine et du Mexique.

SUR SAINT-ROCH

Grâce à l'impôt qui ne respecte rien,
J'aperçois bien saint Roch, mais ne vois pas son chien.

L'église Saint-Roch a été élevée sur l'emplacement de l'ancien hôtel de Gaillon; elle fut bâtie en 1578, pour servir de succursale à Saint-Germain-l'Auxerrois. En 1633, l'église Saint-Roch fut érigée en paroisse; devenue trop petite, elle fut reconstruite, de 1655 à 1736, par Lemercier et Jules de Cotte, sur un plan plus vaste : le fameux financier Law y contribua, dit-on, pour cent mille livres. Cette église, outre le principal autel, comprend dix-huit chapelles latérales et trois autres derrière le chœur ; la chapelle de la Vierge, bâtie en 1709, reconstruite en 1817 ; la chapelle du Calvaire, qui est d'un bel effet, et la chapelle sépulcrale. De belles peintures, de nombreux tableaux et de riches sculptures décorent cette église, qui renferme, en outre, des médaillons ou monuments à la mémoire de Bossuet, de Pierre Corneille, du cardinal Dubois, de Lenôtre, de Mignard, de Maupertuis, et du maréchal de Lesdiguières.

SUR LA NOUVELLE FAÇADE DU THEATRE-FRANÇAIS

Ce nouveau péristyle en sa belle ordonnance,
       Vient résumer avec succès
       Le caractère des Français :
Légèreté, bon goût, harmonie, élégance.

Le théâtre de la Comédie-Française, après avoir été rue Gué-négaud, vint s'établir rue des Fossés-Saint-Germain-des-Prés (aujourd'hui rue de l'Ancienne-Comédie), puis ensuite fut transporté aux Tuileries; de là il passa à l'Odéon, construit, en 1783, sur l'emplacement de l'hôtel de Condé; l'Odéon ayant été incendié, les acteurs de la Comédie-Française vinrent, en 1799, occuper la salle de spectacle du Palais-Royal, où était installé le théâtre des Variétés amusantes.

Depuis lors la Comédie-Française n'a plus changé de place. On peut citer les noms de quelques artistes qui ont illustré la scène française; ce sont : Armand, Prévillo, Molé, Le Kain, Talma, Montrose; et les actrices : mesdames Gaussin, Clairon, Raucourt, Duchesnois, Mars, Rachel.

SUR LE VIADUC D'AUTEUIL

Nous avons là, le fait est clair,
Pour voyager et nous ébattre,
Tout prêts à nous servir, trois éléments sur quatre :
L'eau, le feu, la terre... à quand l'air ?

Ce pont fait le pendant du pont Napoléon III à Bercy à l'autre extrémité de Paris ; il est, comme son aîné, à quelque distance des fortifications dans Paris, et, comme lui, dessert le chemin de fer de ceinture, qui, il y a peu de temps encore, s'arrêtait à Auteuil. Aujourd'hui, ce chemin de fer franchit le fleuve sur un viaduc d'une architecture élégante et hardie, lequel sert en même temps de pont pour les piétons, cavaliers et voitures. Cette construction, achevée en 1866, offre un étrange et intéressant coup d'œil aux personnes qui sont embarquées sur les bateaux à vapeur de Saint-Cloud, lorsque le steamer passe sous le viaduc et se croise ainsi, d'aventure, avec un train de chemin de fer. Les fumées se mélangent un instant et, quelques secondes après, wagons et bateaux ont eux-mêmes disparu comme la fumée.

Reste aux physiciens, aux Godard et aux Nadar, à faire du quatrième élément un moyen sérieux de locomotion.

SUR LES BATEAUX A VAPEUR LES MOUCHES

Contenter tous les goûts, quelle prétention !
    Voyez, sans que tant de splendeur les touche,
        Sortant de l'Exposition,
        Combien de gens prennent la mouche.

L'Exposition de 1867 a le sort de toute chose ici-bas. Ell
ravit les uns et mécontente les autres. C'est magnifique! c'e
affreux! c'est bien intéressant! c'est bien éreintant! Quell
symétrie! quelle confusion! Bref, enthousiasme chez ceux-c
froideur chez ceux-là. Quoi qu'il en soit, la foule abonde, le
tourniquets n'arrêtent pas ; et les omnibus, les bateaux à vapeu
et le chemin de fer amènent de tous les points de Paris et ren
mènent de complets chargements de visiteurs.

SUR L'HIPPODROME DE LONGCHAMPS

A Longchamps, autrefois, dans la Semaine Sainte,
Pleins de foi, nos aïeux allaient pieusement ;
L'abbaye a fait place à cette hippique enceinte,
Mais toujours même vogue, avec but différent :
Hommes, femmes, chevaux, d'une ardeur vraie ou feinte,
Chacun cède à l'entraînement...

L'abbaye de Longchamps a été fondée sous le règne de Louis IX ; elle était alors le but du pèlerinage de nos rois et des seigneurs de la cour ; l'usage se conserva longtemps d'aller y assister à l'office de Ténèbres pendant la Semaine-Sainte. En 1702, le couvent fut supprimé ; mais le charme de la route continua d'y attirer les infidèles dont la promenade n'eut pour limites que l'avenue des Champs-Élysées et pour objet que le plaisir de faire briller-les toilettes et les équipages.

Depuis quelques années, les courses de chevaux qui avaient lieu au Champ-de-Mars se font sur l'hippodrome de Longchamps, qui est alors le rendez-vous des *sportmen*, des *entraîneurs* et de la foule la plus élégante.

SUR LES TÉLÉGRAPHES ÉLECTRIQUES

L'agioteur qui voit dans l'atmosphère,
S'entre-croisèr ces fils pleins de mystère,
   Se dépite, et levant les yeux :
« Que ne suis-je, dit-il, dans les secrets des Dieux ! »

Tout le monde sait que la télégraphie a été inventée en 1790 par le citoyen Chappe; mais cette belle invention a ensuite été bien distancée par l'électricité. C'est en 1854 que ce système a été appliqué à la télégraphie; à ces bras aériens qui gesticulaient dans le vide, que le brouillard réduisait parfois à l'inaction, et que la nuit rendait tout à fait inutiles, ont succédé des poteaux et des fils qui fonctionnent jour et nuit. La télégraphie électrique a d'abord été exclusivement employée à la transmission des dépêches du gouvernement; elle sert même a l'échange des notes diplomatiques, et les intérêts les plus graves, les plus importantes questions d'État roulent sur ces légers fils. Aujourd'hui la correspondance privée jouit de ce merveilleux mode de communication pour les cas où la poste serait trop lente, et ce moyennant une taxe déterminée d'après le nombre des mots de la dépêche, ce qui finira par nous apprendre à nous exprimer laconiquement.

C'est tout à fait l'application du précepte de notre poëte moraliste :

    « Le sage est ménager du temps et des paroles. »

SUR L'HOTEL DE VILLE

De ce palais de la Cité
Parlons avec sincérité;
Par son luxe en tous lieux cité,
Il est bien loin, en vérité,
De l'antique simplicité
De la Municipalité.

Il y aurait beaucoup à raconter sur l'Hôtel de Ville, à partir du *Parlouer aux bourgeois*, en passant par la Municipalité, la Commune, jusqu'à nos jours; son histoire n'est pas de notre ressort. On se bornera à dire ici que la première pierre de cet édifice a été posée en 1533. En 1830, il ne se composait encore que du bâtiment central; mais, en 1837-1841, cet hôtel a reçu des agrandissements considérables, consistant en quatre pavillons reliés par des bâtiments d'un grand développement.

Les dispositions intérieures sont splendides; la cour de Louis XIV, la salle du Trône, les appartements de réception, la bibliothèque, le salon de Napoléon, la galerie des Fêtes, la salle des Cariatides, le salon de la Paix et les deux magnifiques escaliers qui y conduisent, font l'admiration des visiteurs. Les artistes les plus éminents ont coopéré à l'embellissement de tous ces salons; citons, comme peintres : MM. Horace Vernet,

Ingres, Flandrin, Vauchelet, Picot, Cabanel, Schopin, etc.;
comme sculpteurs et architectes : MM. Bosio, Jouffroy, Le-
maire, Godde, Lesueur, Baltard.

Aussi, les grands bals de la Préfecture de la Seine ont-ils une
réputation européenne.

SUR LE PARC DE MONCEAU

Au milieu du parc de Monceau
Ces cascatelles si chétives
Sont les pleurs des nymphes plaintives,
Que le gaz a fait fuir d'un lieu jadis si beau.

Ceux des Parisiens qui ont connu l'ancien parc de Monceau, aujourd'hui morcelé, n'en trouvent pas la compensation dans la promenade entourée de grilles qui le remplace. C'est un magnifique square, il est vrai; mais, tout étendu, tout orné qu'il est, ce n'est toujours qu'un square, dans lequel les larges éclaircies pratiquées et le bruit des voitures empêchent de trouver le charme qu'offraient la solitude et l'épaisse feuillée de l'ancien parc. Du reste, les cascades, la grotte de stalactites, la rivière anglaise sont des embellissements habilement conçus. La colonnade a été conservée; mais le lierre abuse un peu de son ascendant sur l'architecture, et bientôt ces fines colonnes, ces élégants chapiteaux auront disparu sous cette envahissante pariétaire.

SUR LA PRISON DE CLICHY

Vous que vos créanciers détenaient là dedans,
Ayez la joie au cœur, car la clef de la geôle,
Changeant subitement de rôle,
Devient pour vous la clef des champs.

Cette prison a été construite sur une partie de l'emplacement
de l'ancien Jardin de Tivoli, qui, pendant longtemps, a joui
d'une grande vogue, et qui, depuis, s'est transformé en un élégant quartier. Il n'est pas que quelques-uns des élégants qui
jadis ont fréquenté ce lieu de plaisirs n'aient, depuis, passé quelques tristes moments sous les verrous et les grilles, et n'aient été
à même de se rendre, philosophiquement et par expérience,
compte de la loi des contrastes.

Aujourd'hui, la contrainte par corps est abolie.

SUR LA HALLE ET LE PORT AUX VINS

Dans cette halle, et par bateau,
Viennent des vins de toute sorte;
Ces vins, dit-on, portent bien l'eau,
Mais, en attendant, l'eau les porte.

L'ensemble du port et de la halle aux vins constitue ce que l'on appelle l'Entrepôt des vins. Cet Entrepôt, établi sur le quai Saint-Bernard, a été construit, de 1813 à 1818, sur des terrains dépendant de l'ancienne abbaye Saint-Victor. Le vaste port qui y est annexé sert à la décharge des vins, eaux-de-vie et vinaigres. Cet établissement a pour but de centraliser la perception des droits d'octroi et d'offrir aux négociants en vins un emmagasinage favorable aux transactions commerciales. Chaque commerçant, qui a des marchandises à l'Entrepôt, possède, sur l'esplanade, le long du quai, un petit pavillon, qui lui sert de bureau, et auquel chacun donne, suivant son goût, un entourage de gazon, de fleurs et d'arbustes. Ce coup d'œil ne manque pas de pittoresque.

SUR LE THÉÂTRE DE L'ODÉON

A l'Odéon chacun fait la grimace,
Parce qu'il est, dit-on, dans un quartier perdu ;
Mais réfléchissez donc qu'à tous il n'est pas dû
D'être voisin du Mont Parnasse.

Ce théâtre a, dans l'origine, été construit pour les comédiens du Théâtre-Français, qui, du Théâtre de la rue des Fossés-Saint - Germain - des - Prés (Ancienne-Comédie), étaient allés s'installer aux Tuileries. Il fut d'abord question d'élever ce théâtre au carrefour Buci ; mais le corps municipal ayant arrêté qu'on le bâtirait sur l'emplacement de l'hôtel de Condé, les travaux dirigés commencèrent en 1778 et furent terminés en 1782. Un premier incendie consuma l'Odéon en 1799 ; en 1818, il fut de nouveau la proie des flammes, mais fut promptement rétabli sous le titre de Second Théâtre-Français. On y a joué avec succès les pièces de l'ancien répertoire, celles de Picart, de Casimir Delavigne, et même des opéras, te's que *Freyschutz*, etc.

Tout le monde sait qu'en traversant le Luxembourg, qui est voisin de l'Odéon, on se trouve sur le boulevard Montparnasse.

SUR L'ÉGLISE DE SAINT-LAURENT

C'est de quoi, pauvre Saint, sur toi s'apitoyer
Que, même de nos jours, on te fasse griller.

D'après Grégoire de Tours, une église consacrée à saint Lau
rent existait dans ces parages dès le sixième siècle et servait de
chapelle à un monastère : l'une et l'autre ont été renversées par
les Normands. Cette église a été réédifiée au quinzième siècle,
puis encore en 1548 et 1595. Ce n'est qu'en 1622 qu'on l'a enri-
chie d'un portail qui, en ce moment, subit une transformation
totale. Les abords de l'Église sont, sur plusieurs points, défendus
par des grilles. Autrefois dans une situation retirée, ce monument se trouve aujourd'hui à l'angle de deux grandes voies très-
fréquentées : le boulevard de Strasbourg et le boulevard Magenta.

SUR LA RÉUNION DES TUILERIES ET DU LOUVRE

Dans ces vastes Palais qu'à bon droit on admire,
Le pouvoir souverain se divise en deux parts :
    Ici le sceptre des Beaux-Arts,
    Et là le sceptre de l'Empire.

C'était à l'Empereur Napoléon III qu'était réservée la gloire de mettre la dernière main à cette œuvre capitale de la réunion des deux palais du Louvre et des Tuileries, qui avait été si longtemps le projet de tous les souverains. Ce fut en 1848 que furent votés en même temps, et l'achèvement du Louvre, et la prolongation de la rue de Rivoli. Il semble que l'on sort d'un mauvais rêve quand on pense au hideux coup d'œil que présenta, pendant tant d'années, l'espace compris entre le Carrousel et le Louvre : des terrains défoncés, de hideuses masures, au milieu desquels on voyait encore les ruines d'une ancienne église, et les restes des Écuries du Roi.

Aujourd'hui, tout ce chaos a disparu pour faire place à de magnifiques pavillons et à deux beaux squares ; les deux palais se donnent enfin la main.

SUR L'HOTEL DES COMMISSAIRES-PRISEURS

En se faisant bâtir, centre de leurs affaires,
Cet hôtel aux frontons bizarrement ornés,
Tout priseurs qu'on les dit, messieurs les commissaires
N'ont pas fait voir qu'ils aient beaucoup de nez.

L'institution des commissaires-priseurs est due à la loi du 27 ventôse an IX. Ces officiers ministériels ont dans leurs attributions les prisées de meubles et la vente publique aux enchères. Les salles de vente étaient autrefois établies dans l'ancien Hôtel Bullion, rue Jean-Jacques-Rousseau ; elles ont ensuite été transférées place de la Bourse, et sont définitivement installées, dans un bâtiment spécial, rue Rossini, propriété de la Compagnie. C'est un spectacle assez curieux que celui qu'offrent les salles de vente où l'on voit les acheteurs, soit simples particuliers, soit brocanteurs, se disputer avec acharnement des objets qui, quelquefois, n'ont qu'une valeur très-contestable, mais que l'entêtement fait monter à des prix fabuleux.

SUR LE SÉMINAIRE SAINT-SULPICE

Le Séminaire Saint-Sulpice,
Bien que d'une caserne il ait, dit-on, l'aspect,
N'en a que plus de droits à tout notre respect,
Car c'est là que de Dieu se forme la milice.

Ce fut saint Augustin, évêque d'Hippone, qui le premier eut la pensée de former des communautés de prêtres, qui devinrent plus tard les modèles des séminaires. Avant 1789, on comptait 188 séminaires en France; supprimés à la révolution, ils ne furent rétablis que lors du Concordat.

Le Séminaire Saint-Sulpice a été fondé en 1645 et reconstruit en 1820; il renferme environ cent cinquante élèves.

« On peut reprocher à ce monument, » dit l'auteur de l'*Histoire de Paris*, « de n'avoir pas le caractère de sa destination; « il ressemble autant à une caserne qu'à un séminaire. »

SUR LE PALAIS DE L'EXPOSITION UNIVERSELLE
DE 1867

Lorsque l'on voit la part active
Que chacun à l'envi prend à ce mouvement,
On reconnaît qu'heureusement
Les arts et l'industrie ont plus de perspective
Que n'en offre à nos yeux la rotonde massive
De ce Palais géant.

Le Palais de l'Exposition a une forme elliptique et ressemble à un vaste colisée dont les gradins auraient disparu pour faire place à un certain nombre de galeries concentriques qui diminuent d'élévation à mesure qu'elles se rapprochent du jardin qui en forme le centre. Ces galeries sont au nombre de sept et affectées à l'exposition des produits de l'industrie, des arts, des sciences et de la nature, de toutes les parties du globe.

La courbure de la galerie circulaire ne permet malheureusement pas d'en saisir l'ensemble, ce qui prive l'œil de la magnifique perspective qu'auraient présentée des galeries construites en ligne droite.

SUR LE MONT-DE-PIÉTÉ

———

Je n'aurais jamais cru, dans ma naïveté,
  Qu'on pût faire abus du langage,
  A tel point que le prêt sur gage
  Fût un acte de piété.

N'en déplaise à la boutade, il n'y a point là abus de langage, et c'est à juste titre que ces établissements sont appelés Monts-de-Piété, puisque les bénéfices qui résultent de ces opérations viennent accroître les ressources de l'Assistance Publique. Ce sont donc, malgré l'élévation du taux de l'intérêt exigé des emprunteurs, de véritables établissements de bienfaisance.

Les Monts-de-Piété sont d'origine italienne; celui de Paris a été fondé sous Louis XVI.

SUR LA POMPE A FEU DE CHAILLOT

L'eau, dit-on, et le feu sont mortels ennemis;
    Ici l'on ne s'en doute guère,
    Alors que l'on voit la première
Obéir au second, d'un air aussi soumis.

La pompe à feu de Chaillot, située sur le quai de Billy, a subi depuis quelques années une importante transformation; son origine remonte à 1781. La machine, à l'aide de laquelle l'eau de la Seine est aspirée et refoulée dans les réservoirs et les canaux de distribution, a été, en 1805, l'objet de perfectionnements considérables. Les pompes sont mises en mouvement par la vapeur.

Cette machine est la première qui ait paru en France.

SUR LA POSTE

— Un mien cousin mourant me laisse en héritage
Cent écus que je vais à la Poste toucher;
— Bravo, mon cher, que n'ai-je un pareil avantage!
Mais ne va pas qui veut à la Poste hériter.

La Poste n'a pas pour unique mission de transporter les lettres; elle a aussi celle de faire des envois d'argent, par voie de mandats, que le destinataire peut toucher au bureau le plus voisin de son domicile. Aussi faut-il voir l'encombrement qui assiége les bureaux de poste à l'époque du jour de l'an, alors que les étrennes ont mis les Bretonnes, les Lorraines, les Auvergnates, etc., à même d'envoyer de l'argent au pays.

SUR LA TOUR DE JEAN SANS PEUR

Au mot *alignement*, le voyez-vous qui grogne
    Ce manoir des ducs de Bourgogne?
Aussi ne faut-il pas qu'on aille s'y frotter :
Ce n'est pas Jean sans Peur qu'on fera reculer.

Le percement de la rue Turbigo, qui des Halles conduit au Château-d'Eau, a démasqué l'une des plus anciennes constructions du vieux Paris : la tour ou habitation de Jean sans Peur, duc de Bourgogne, vieil édifice du quatorzième siècle, qui se trouvait emprisonné dans la cour d'une des maisons de la rue Mauconseil.

Jean sans Peur a joué un grand rôle dans la lutte des Bourguignons contre les Armagnacs; on sait qu'il fut assassiné en 1419, sur le pont de Montereau, par Tanneguy du Châtel.

SUR NOTRE-DAME-DE-LORETTE

Qui jamais eût pu croire, ô profanation !
Que pour signifier courtisane coquette,
On oserait un jour faire servir le nom
De Notre-Dame-de-Lorette ?

Le quartier dans lequel est située l'église Notre-Dame-de-Lorette, et notamment la place et la rue Bréda et autres avoisinantes, est plus particulièrement adopté par certaine population féminine dont la mise, le langage et les habitudes sont bien loin d'avoir le moindre rapport avec la divine patronne que lui a donnée la malignité parisienne.

Ceci nous remet en mémoire quelques vers que nous trouvâmes un jour dans un omnibus.

Le caractère et la forme de cette pièce nous engagent à la faire figurer comme dernière boutade pour clore ce recueil.

ODE A IDA

En omnibus, en cab, au restaurant, Ida,
De vous je ne saurais détourner ma pensée,
Flatteuse illusion, ou toquade insensée,
Ce fol amour est mon dada ;

Votre dédain doit-il combler mon désespoir?
Oh! cet amour, plus pur que le cristal de roche,
Portez-le, j'y consens, belle inhumaine, en broche,
     Mais jamais en sautoir:

Vous ne savez donc pas, dans votre esprit follet,
A quel point tout mon être eut un frisson de glace,
Lorsque dans votre cœur demandant une place,
     Vous m'avez répondu : Complet!

Tremblez, si quelque jour, capricieuse Ida,
Vous m'y laissez entrer, ce sera ma vengeance,
Car j'aurai soin de prendre une correspondance
     Pour le quartier Bréda.

ÉPILOGUE

Ici cessent mes promenades :
    Contre moi, cher lecteur,
    N'ayez pas trop d'humeur,
Je suis à bout de mes Boutades.

ERRATA

Page 4, ligne 11, Nancy, *lisez :* Vaux.
— 7 — 6, verreries, *lisez :* verrières.
— 37 — 8, un pendant, *lisez :* en pendant.
— 89 — 11, ceux, *lisez :* celles.

TABLE ALPHABÉTIQUE

8

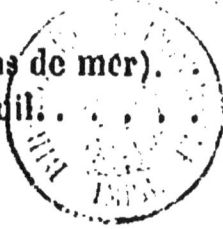

FIN DE LA TABLE ALPHABÉTIQUE.

Paris. — Imprimerie de P.-A. BOURDIER et Cᵉ, rue des Poitevins, 6.

www.ingramcontent.com/pod-product-compliance
Lightning Source LLC
Chambersburg PA
CBHW051716090426
42738CB00010B/1941